石油企业岗位练兵手册

机动车驾驶员

大庆油田有限责任公司 编

石油工业出版社

内 容 提 要

本书采用问答形式,对机动车驾驶员应掌握的知识和技能进行了详细介绍。主要内容可分为基本素养、基础知识、基本技能三部分。基本素养包括企业文化、发展纲要和职业道德等内容,基础知识包括与工种岗位密切相关的专业知识和 HSE 知识等内容,基本技能包括操作技能和常见故障判断处理等内容。本书适合机动车驾驶员阅读使用。

图书在版编目(CIP)数据

机动车驾驶员 / 大庆油田有限责任公司编 . —北京:石油工业出版社,2023.8

(石油企业岗位练兵手册)

ISBN 978-7-5183-6076-5

Ⅰ. ①机⋯　Ⅱ. ①大⋯　Ⅲ. ①汽车驾驶员－技术手册　Ⅳ. ① U471.3-62

中国国家版本馆 CIP 数据核字(2023)第 123498 号

出版发行:石油工业出版社
(北京市朝阳区安华里 2 区 1 号楼　100011)
网　　址:www.petropub.com
编辑部:(010)64251613
图书营销中心:(010)64523633
经　　销:全国新华书店
印　　刷:北京中石油彩色印刷有限责任公司

2023 年 8 月第 1 版　2023 年 8 月第 1 次印刷
880×1230 毫米　开本:1/32　印张:5.625
字数:140 千字
定价:45.00 元
(如出现印装质量问题,我社图书营销中心负责调换)
版权所有,翻印必究

《机动车驾驶员》编委会

主　　任：陶建文
执行主任：李钟磐
副 主 任：夏克明　梁　浩
委　　员：全海涛　崔　伟　张智博　武　威　王　辉
　　　　　李　馨　陈　磊　姜桂冬　曹红霞　傅殿戈

《机动车驾驶员》编审组

孟庆祥　王恒斌　常　城　吴晓东　赵　宇　于建忠
战晓文　于　波　宁　威　冯　德　赵　阳　于海龙
刘加岭　颜景军　宋　霞　王海峰　罗先强　佘顺要
赵　鑫　马　刚　刘鹏超

前言

岗位练兵是大庆油田的优良传统,是强化基本功训练、提升员工素质的重要手段。新时期、新形势下,按照全面加强"三基"工作的有关要求,为进一步强化和规范经常性岗位练兵活动,切实提高基层员工队伍的基本素质,按照"实际、实用、实效"的原则,大庆油田有限责任公司人事部组织编写、修订了基层员工《石油企业岗位练兵手册》丛书。围绕提升政治素养和业务技能的要求,本套丛书架构分为基本素养、基础知识、基本技能三部分,基本素养包括企业文化(大庆精神铁人精神、优良传统)、发展纲要和职业道德等内容;基础知识包括与工种岗位密切相关的专业知识和 HSE 知识等内容;基本技能包括操作技能和常见故障判断处理等内容。本套丛书的编写,严格依据最新行业规范和技术标准,同时充分结合目前专业知识更新、生产设备调整、操作工艺优化等实际情况,具有突出的实用性和规范性的特点,既能作为基层开展岗位练兵、提高业务技能的实用教材，也可以作为员工岗位自学、单位开展技能竞赛的参考资料。

希望各单位积极应用，充分发挥本套丛书的基础性作用，持续、深入地抓好基层全员培训工作，不断提升员工队伍整体素质，为实现公司科学发展提供人力资源保障。同时，希望各单位结合本套丛书的应用实践，对丛书的修改完善提出宝贵意见，以便更好地规范和丰富丛书内容，为基层扎实有效地开展岗位练兵活动提供有力支撑。

大庆油田有限责任公司人事部

2023 年 4 月 28 日

目录

第一部分 基本素养

一、企业文化 ……………………………………………… 001

(一) 名词解释 …………………………………………… 001

1. 石油精神 …………………………………………… 001

2. 大庆精神 …………………………………………… 001

3. 铁人精神 …………………………………………… 001

4. 三超精神 …………………………………………… 002

5. 艰苦创业的六个传家宝 …………………………… 002

6. 三要十不 …………………………………………… 002

7. 三老四严 …………………………………………… 002

8. 四个一样 …………………………………………… 002

9. 思想政治工作"两手抓" …………………………… 003

10. 岗位责任制管理 ………………………………… 003

11. 三基工作 ………………………………………… 003

12. 四懂三会 ……………………………………………… 003
13. 五条要求 ……………………………………………… 004
14. 会战时期"五面红旗" ………………………………… 004
15. 新时期铁人 …………………………………………… 004
16. 大庆新铁人 …………………………………………… 004
17. 新时代履行岗位责任、弘扬严实作风"四条
　　要求" ………………………………………………… 004
18. 新时代履行岗位责任、弘扬严实作风"五项
　　措施" ………………………………………………… 004

(二) 问答 ………………………………………………… 004
1. 简述大庆油田名称的由来。………………………… 004
2. 中共中央何时批准大庆石油会战？………………… 004
3. 什么是"两论"起家？………………………………… 005
4. 什么是"两分法"前进？……………………………… 005
5. 简述会战时期"五面红旗"及其具体事迹。………… 005
6. 大庆油田投产的第一口油井和试注成功的第一口
　　水井各是什么？…………………………………… 006
7. 大庆石油会战时期讲的"三股气"是指什么？…… 006
8. 什么是"九热一冷"工作法？……………………… 006
9. 什么是"三一""四到""五报"交接班法？……… 006
10. 大庆油田原油年产5000万吨以上持续稳产的时间
　　　是哪年？…………………………………………… 006
11. 大庆油田原油年产4000万吨以上持续稳产的时间
　　　是哪年？…………………………………………… 007

12. 中国石油天然气集团有限公司企业精神是什么? ……… 007
13. 中国石油天然气集团有限公司的主营业务是什么? ……… 007
14. 中国石油天然气集团有限公司的企业愿景和价值追求分别是什么? ……… 007
15. 中国石油天然气集团有限公司的人才发展理念是什么? ……… 007
16. 中国石油天然气集团有限公司的质量安全环保理念是什么? ……… 007
17. 中国石油天然气集团有限公司的依法合规理念是什么? ……… 008

二、发展纲要 ……… 008

(一) 名词解释 ……… 008

1. 三个构建 ……… 008
2. 一个加快 ……… 008
3. 抓好"三件大事" ……… 008
4. 谱写"四个新篇" ……… 008
5. 统筹"五大业务" ……… 008
6. "十四五"发展目标 ……… 008
7. 高质量发展重要保障 ……… 008

(二) 问答 ……… 009

1. 习近平总书记致大庆油田发现60周年贺信的内容是什么? ……… 009

2. 当好标杆旗帜、建设百年油田的含义是什么？……… 009
3. 大庆油田 60 多年的开发建设取得的辉煌历史有哪些？……………………………………………… 010
4. 开启建设百年油田新征程两个阶段的总体规划是什么？……………………………………………… 010
5. 大庆油田"十四五"发展总体思路是什么？……… 010
6. 大庆油田"十四五"发展基本原则是什么？……… 011
7. 中国共产党第二十次全国代表大会会议主题是什么？……………………………………………… 011
8. 在中国共产党第二十次全国代表大会上的报告中，中国共产党的中心任务是什么？………………… 011
9. 在中国共产党第二十次全国代表大会上的报告中，中国式现代化的含义是什么？……………………… 011
10. 在中国共产党第二十次全国代表大会上的报告中，两步走是什么？………………………………… 012
11. 在中国共产党第二十次全国代表大会上的报告中，"三个务必"是什么？…………………………… 012
12. 在中国共产党第二十次全国代表大会上的报告中，牢牢把握的"五个重大原则"是什么？………… 012
13. 在中国共产党第二十次全国代表大会上的报告中，十年来，对党和人民事业具有重大现实意义和深远意义的三件大事是什么？………………… 012
14. 在中国共产党第二十次全国代表大会上的报告中，坚持"五个必由之路"的内容是什么？………… 012

三、职业道德 ·· 013

（一）名词解释 ·· 013
1. 道德 ··· 013
2. 职业道德 ··· 013
3. 爱岗敬业 ··· 013
4. 诚实守信 ··· 013
5. 劳动纪律 ··· 013
6. 团结互助 ··· 013

（二）问答 ·· 014
1. 社会主义精神文明建设的根本任务是什么？ ············· 014
2. 我国社会主义道德建设的基本要求是什么？ ············· 014
3. 为什么要遵守职业道德？ ································ 014
4. 爱岗敬业的基本要求是什么？ ··························· 014
5. 诚实守信的基本要求是什么？ ··························· 014
6. 职业纪律的重要性是什么？ ····························· 015
7. 合作的重要性是什么？ ································· 015
8. 奉献的重要性是什么？ ································· 015
9. 奉献的基本要求是什么？ ······························· 015
10. 企业员工应具备的职业素养是什么？ ··················· 015
11. 培养"四有"职工队伍的主要内容是什么？ ············· 015
12. 如何做到团结互助？ ··································· 015
13. 职业道德行为养成的途径和方法是什么？ ··············· 016
14. 员工违规行为处理工作应当坚持的原则是什么？ ········ 016
15. 对员工的奖励包括哪几种？ ···························· 016

16. 员工违规行为处理的方式包括哪几种？ …………016

17. 《中国石油天然气集团公司反违章禁令》有哪些规定？ …………………………………………016

第二部分　基础知识

一、专业知识 …………………………………………018

（一）名词解释 ……………………………………018

1. 机动车 …………………………………………018
2. 非机动车 ………………………………………018
3. 专用作业车 ……………………………………018
4. 双燃料汽车 ……………………………………019
5. 混合动力电动汽车（HEV） …………………019
6. 插电式混合动力汽车 …………………………019
7. 增程式电动汽车（REEV） …………………019
8. 燃料电池汽车 …………………………………019
9. 危险货物运输车辆 ……………………………019
10. 轮式自行机械车 ……………………………019
11. 电动汽车（EV） ……………………………019
12. 充电桩 ………………………………………020
13. 工作循环 ……………………………………020
14. 发动机工作容积（排量） …………………020
15. 压缩比 ………………………………………020
16. ECU …………………………………………020

17. 自诊系统 ……………………………………… 020

18. 汽车故障诊断 …………………………………… 020

19. EFI ………………………………………………… 020

20. 多点喷射（MPI）………………………………… 020

21. 着火延迟期 ……………………………………… 020

22. EGR（废气再循环）技术 ……………………… 020

23. 飞车 ……………………………………………… 021

24. 冷却水大循环 …………………………………… 021

25. 负荷特性 ………………………………………… 021

26. 发动机燃油消耗率 ……………………………… 021

27. 汽车行驶的安全性 ……………………………… 021

28. 汽车的动力性 …………………………………… 021

29. 汽车的加速能力 ………………………………… 021

30. 汽车的最高车速 ………………………………… 021

31. 燃料经济性 ……………………………………… 021

32. 经济车速 ………………………………………… 021

33. 定速巡航系统（CRUISE CONTROL SYSTEM）… 021

34. 空气阻力 ………………………………………… 022

35. 牵引力 …………………………………………… 022

36. 牵引力控制系统（TCS）………………………… 022

37. 附着力 …………………………………………… 022

38. 轮距 ……………………………………………… 022

39. 轴距 ……………………………………………… 022

40. 前轮定位 ………………………………………… 022

41. 前轮前束 ………………………………………… 022

42. 汽车最小转弯半径 …………………………… 022
43. 汽车接近角 …………………………………… 022
44. 汽车离去角 …………………………………… 022
45. 汽车最小离地间隙 …………………………… 023
46. 汽车最大爬坡度 ……………………………… 023
47. 上坡阻力 ……………………………………… 023
48. 上坡辅助 ……………………………………… 023
49. 陡坡缓降 ……………………………………… 023
50. 汽车制动性 …………………………………… 023
51. 制动效能 ……………………………………… 023
52. 制动拖滞 ……………………………………… 023
53. 制动侧滑 ……………………………………… 023
54. ABS …………………………………………… 024
55. EBD …………………………………………… 024
56. 刹车辅助系统 ………………………………… 024
57. 汽车的通过性 ………………………………… 024
58. 汽车操纵稳定性 ……………………………… 024
59. 汽车的行驶平顺性 …………………………… 024
60. 无匙进入 ……………………………………… 024
61. 无匙启动 ……………………………………… 024
62. 发动机自动启停技术 ………………………… 024
63. 多功能方向盘 ………………………………… 025
64. 可记忆电动座椅 ……………………………… 025
65. 防夹电动窗 …………………………………… 025
66. 中控锁 ………………………………………… 025

67. 儿童安全锁 025
68. 行车记录仪 025
69. 发动机电子防盗系统 025
70. 感应雨刷 026
71. 胎压监测 026
72. LED 大灯 026
73. 自动头灯 026
74. 日间行车灯 026
75. 随动转向大灯 026
76. 子午线轮胎 026
77. 非全尺寸备胎 026
78. B 柱 026
79. 金属漆 027

(二) 问答 027

1. 涉水后怎样恢复制动力？ 027
2. 当车辆发生碰撞时，安全气囊系统是怎样工作的？ 027
3. 空气悬挂系统的工作原理是什么？ 027
4. 麦弗逊式独立悬架的优点是什么？ 027
5. 喇叭短按一声"嘀"代表什么意思？ 027
6. 喇叭长按一声喇叭"嘀——"代表什么意思？ 028
7. 喇叭短按"嘀嘀"代表什么意思？ 028
8. 喇叭连续的"嘀嘀！"或是"嘀！嘀嘀！"代表什么意思？ 028
9. 夜晚交叉路口，出入视野盲区需要注意什么？ 028

10. 遇到并道或者车辆交替通行路段，车辆灯光怎样操作？ ……028
11. 阶段性亮刹车灯代表什么意思？ ……028
12. 发现邻车有问题，灯语怎样表示？ ……028
13. 夜晚遇到强光闪眼，灯语怎样表示？ ……029
14. 绿灯时前车不走，灯语怎样表示？ ……029
15. 如何正确使用远光灯？ ……029
16. 危险报警闪光灯可以用于什么场合？ ……029
17. 汽车按总体构造可划分为几大部分？ ……030
18. 汽油发动机由哪些机构和系统组成？ ……030
19. 什么是发动机的工作循环？ ……030
20. 发动机机油主要功能是什么？ ……030
21. 机油滤清器的作用是什么？ ……030
22. 怎样正确检查发动机机油？ ……030
23. 发动机节温器的作用是什么？ ……030
24. 防冻液具备哪些功能？ ……030
25. 怎样正确检查冷却液？ ……031
26. 发动机过热的危害是什么？ ……031
27. 空气滤清器怎样清洁？过脏的危害是什么？ ……031
28. 怎样检查发动机风扇皮带？ ……031
29. 柴油发动机输油泵起什么作用？ ……032
30. 使用柴油应注意些什么？ ……032
31. 什么是发动机高压共轨技术？ ……032
32. 什么是发动机废气涡轮增压？ ……033
33. 发动机废气涡轮增压原理及作用？ ……033

34. 什么是增压中冷技术？ ………………………… 033
35. 如何正确检查保养涡轮增压器？ ……………… 033
36. 汽车的动力性指标有哪些？ …………………… 034
37. 为提高动力性，对发动机有哪些技术要求？ …… 034
38. 发动机的动力传递路线（不含分动器）是什么？ … 034
39. 汽车底盘由哪四部分组成？ …………………… 035
40. 汽车传动系统由哪几部分组成？ ……………… 035
41. 汽车传动系统的功用是什么？ ………………… 035
42. 汽车离合器的作用是什么？ …………………… 035
43. 怎样检查离合器油液面？缺油的原因是什么？ … 035
44. 离合器打滑的主要原因是什么？ ……………… 036
45. 变速器挡位数对汽车动力性的影响是什么？ …… 036
46. 差速器的主要功用是什么？ …………………… 036
47. 汽车行驶系统是由哪几部分组成的？ ………… 036
48. 什么是液压传动？ ……………………………… 036
49. 汽车悬挂的作用是什么？ ……………………… 036
50. 减震器的作用是什么？ ………………………… 036
51. 国际标准协会对人体承受的振动加速度划分出哪三种不同的感觉界限？ …………………… 037
52. 汽车轮胎的作用是什么？ ……………………… 037
53. 怎样检查轮胎？ ………………………………… 037
54. 如何正确地选配轮胎？ ………………………… 037
55. 轮胎异常磨损的原因是什么？ ………………… 037
56. 轮胎胎肩磨损的主要原因是什么？ …………… 038
57. 造成汽车爆胎的原因有哪些？ ………………… 038

58. 评价汽车通过性的几何参数指标主要有哪些？ …… 038
59. 影响汽车通过性的主要因素有哪些？ ………… 038
60. 影响汽车行驶平顺性的使用因素有哪些？ …… 038
61. 汽车转向系统的作用是什么？ ………………… 039
62. 汽车转向时应满足哪两个基本条件？ ………… 039
63. 什么是前轮定位？前轮定位的内容是什么？ … 039
64. 前轮定位有什么作用？ ………………………… 039
65. 汽车转向系统的正确使用方法是什么？ ……… 039
66. 汽车制动系统包括哪四个组成部分？ ………… 039
67. 车辆制动系统的作用是什么？ ………………… 039
68. 一次制动过程中，驾驶员从发现障碍物开始到制动结束，分哪四个过程？ …………………… 040
69. 怎样检查制动液面，缺油的原因是什么？ …… 040
70. 为什么要定期更换制动液，更换标准是什么？ … 040
71. 汽车电气设备组成是什么？ …………………… 040
72. 交流发电机的作用？ …………………………… 040
73. 蓄电池的功能是什么？ ………………………… 041
74. 怎样正确检查保养蓄电池？ …………………… 041
75. 空气潮湿对车辆使用有什么影响？ …………… 041
76. 低温对车辆使用有什么影响？ ………………… 041
77. 低温行车的技术措施有哪些？ ………………… 042
78. 车辆冬季启动时应注意什么？ ………………… 042
79. 什么是例行保养？ ……………………………… 042
80. 什么是车辆维护？ ……………………………… 042
81. 汽车维护应贯彻的原则是什么？ ……………… 042

82. 汽车为什么按质换润滑油? …………………………… 042
83. 润滑脂保存应注意什么? ……………………………… 043
84. 集中润滑车辆驾驶员如何检查集中润滑装置? …… 043
85. 车辆维护分为哪几级? ………………………………… 043
86. 车辆日常维护,实行"十字作业"的内容
    是什么? ………………………………………………… 043
87. "三勤"指的是哪些内容? …………………………… 043
88. 日常维护的作业项目有哪些? ………………………… 043
89. 汽车在出车前应进行哪些日常维护工作? …………… 044
90. 什么是定期维护? ……………………………………… 044
91. 车辆定期保养的重要性有哪些? ……………………… 044
92. 什么是季节性维护? …………………………………… 044
93. 车辆坚持"三检查"是指的是哪三检? ……………… 045
94. 汽车行驶途中,检查维护作业的内容是什么? …… 045
95. 汽车收车后检查维护作业的内容是什么? ………… 045

二、HSE 知识 …………………………………………… 045

(一) 名词解释 …………………………………………… 045

1. HSE ………………………………………………… 045
2. 三交一封 …………………………………………… 046
3. 三违行为 …………………………………………… 046
4. 安全生产三同时 …………………………………… 046
5. 三不伤害 …………………………………………… 046
6. 三不动火 …………………………………………… 046
7. 三停四查 …………………………………………… 046

8. 三级安全教育 046
9. 四不放过 047
10. 四个来源 047
11. 四全监督管理原则 047
12. 五项落实 047
13. 六大禁令 047
14. 冬季八防 047
15. 十字方针 047
16. 十防 047
17. 安全隐患 047
18. 特种设备 047
19. 非常规作业 048
20. 作业许可 048
21. 启动前安全检查 048
22. 上锁/挂牌 048
23. 分散控制系统（DCS） 048
24. 紧急关断系统（ESD） 048
25. 火灾与可燃/有毒气体检测报警及消防控制系统
   （F&G/FGS） 048
26. 安全仪表系统（SIS） 049
27. 数据采集与监控系统（SCADA） 049
28. 逃生通道 049
29. 应急预案 049
30. 风险评估 049
31. "五交底" 049

32. "五型班组" ································· 049
33. "四无班组" ································· 049
34. "三不"安全准则 ······························ 049
35. "三严"安全要求 ······························ 050
36. 国家安全方针 ································ 050
37. 集团公司安全环保工作的"一个理念" ··········· 050
38. 集团公司安全环保工作的"三个观念" ··········· 050
39. 四懂三会 ···································· 050

(二) 问答 ······································· 050
1. "五会"是什么？ ····························· 050
2. HSE 九项原则是什么？ ······················· 051
3. 重大危险源是什么？ ·························· 052
4. 危险与可操作性分析（HAZOP）是什么？ ········ 052
5. 安全文化是什么？ ···························· 052
6. 目视化管理是什么？ ·························· 053
7. HSE 需求性岗位培训是什么？ ················· 053
8. 应急管理是什么？ ···························· 053
9. 应急救援是什么？ ···························· 054

三、法律法规 ······································ 054

(一) 名词解释 ···································· 054
1. 道路 ······································· 054
2. 国道 ······································· 054
3. 省道 ······································· 054
4. 县道 ······································· 055

5. 乡道 ·· 055

6. 高速公路 ··· 055

7. 一级公路 ··· 055

8. 快速路 ·· 055

9. 主干路 ·· 055

10. 次干路 ·· 055

11. 支路 ··· 055

12. 交通性道路 ·· 055

13. 生活性道路 ·· 055

14. 设计车速 ··· 055

15. 行驶速度 / 运行车速 ·· 056

16. 全程车速 ··· 056

17. 路缘石 ·· 056

18. 路肩 ··· 056

19. 街沟（偏沟）··· 056

20. 交通岛 ·· 056

21. 安全岛 ·· 056

22. 中心岛 ·· 056

23. 导向岛（方向岛）··· 056

24. 附加车道 ··· 056

25. 错车道 ·· 057

26. 爬坡车道 ··· 057

27. 加减速车道 ·· 057

28. 紧急停车带 ·· 057

29. 避险车带 ··· 057

30. 分车带 ……………………………………… 057

31. 分隔带 ……………………………………… 057

32. 会车视距 …………………………………… 057

33. 停车视距 …………………………………… 057

34. 行车视距 …………………………………… 058

35. 超车视距 …………………………………… 058

36. 辅路 ………………………………………… 058

37. 盲道 ………………………………………… 058

38. 路基 ………………………………………… 058

39. 城市道路 …………………………………… 058

40. 车辆满载系数 ……………………………… 058

41. 中线偏移 …………………………………… 058

42. 路脊线 ……………………………………… 058

43. 路内停车场 ………………………………… 058

44. 城市货运 …………………………………… 059

45. 交通 ………………………………………… 059

46. 交通法规 …………………………………… 059

47. 城市综合交通 ……………………………… 059

48. 城市对外交通 ……………………………… 059

49. 城市交通 …………………………………… 059

50. 城市公共交通 ……………………………… 059

51. 道路交通规划 ……………………………… 059

52. 出行 ………………………………………… 059

53. 境内出行 …………………………………… 059

54. 过境出行 …………………………………… 059

55. 境内外出行……………………………………………… 059
56. 区内出行………………………………………………… 060
57. 区间出行………………………………………………… 060

(二) 问答…………………………………………………………… 060
1. 描述图中交警手势代表的含义是什么？……………… 060
2. 图解 2022 年 10 月 1 日实施新版道路交通标志表示
   含义？……………………………………………………… 065
3. 什么是安全原则？……………………………………… 071
4. 道路交通安全工作，应当遵循什么原则？………… 072
5. 公安机关交通管理部门在哪些情况下可以实行
   交通管制？………………………………………………… 072
6. 《道路交通安全法》中的"道路"指什么？………… 072
7. 道路交通三要素是什么？……………………………… 072
8. 道路交通安全法的立法目的和立法宗旨是什么？… 072
9. 《道路交通安全法》的适用范围是什么？…………… 072
10. 国家对机动车实行什么制度？……………………… 072
11. 哪个部门有权收缴、扣留机动车驾驶证？………… 072
12. 机动车驾驶人初次申领机动车的实习期是如何
    计算的？………………………………………………… 073
13. 机动车驾驶人的义务是什么？……………………… 073
14. 哪些人不得驾驶机动车？…………………………… 073
15. 驾驶机动车不得有哪些行为？……………………… 073
16. 不良驾驶习惯有哪些？……………………………… 073
17. 公安机关交通管理部门对机动车驾驶人违反道路
    交通安全法律、法规的行为，除依法给予行政

处罚外，实行什么记分制度？ …………………… 074
18. 机动车驾驶员有哪些行为一次记 12 分？ ………… 074
19. 交通信号灯由哪些灯组成？分别表示什么
    意思？ ………………………………………………… 075
20. 闪光警告信号灯为持续闪烁的黄灯，表示
    什么？ ………………………………………………… 075
21. 机动车通过没有交通信号灯控制也没有交通警察
    指挥的交叉路口，应当遵守哪些规定？ ………… 075
22. 机动车通过没有交通信号灯控制也没有交通警察
    指挥的交叉路口，相对方向行驶的右转弯和
    左转弯的机动车，哪方车辆应该让行？ ………… 075
23. 执行紧急任务的特种车辆在确保安全的前提下，
    有哪些特殊通行权？ ……………………………… 076
24. 洒水车、清扫车作业时，在不影响其他车辆通行的
    情况下，有何特殊通行权？ ……………………… 076
25. 车辆起步应注意什么？ …………………………… 076
26. 哪些情况下同向车道行驶的机动车不得超车？ … 076
27. 车辆超车必须遵守哪些规定？ …………………… 076
28. 机动车在什么情况下不准掉头？ ………………… 077
29. 机动车行驶中遇有前方车辆停车排队或者行驶
    缓慢时应遵守哪些规定？ ………………………… 077
30. 机动车在道路行驶时遇有前方交通阻塞时
    怎么做？ ……………………………………………… 077
31. 机动车在道路上临时停车，应当遵守哪些
    规定？ ………………………………………………… 077

32. 非机动车在道路上应如何行驶？ ……………… 078
33. 在没有划分机动车道、非机动车道、人行道的
    道路上，这些交通元素如何通行？ …………… 078
34. 在没有交通信号的道路上，车辆、行人应在什么
    原则下通行？ …………………………………… 078
35. 哪些机动车应当在车身或者车厢后部喷涂放大的
    牌号？ …………………………………………… 078
36. 故意遮挡、污损号牌行为有哪些？ …………… 078
37. 机动车在道路上发生故障，需要停车排除故障时，
    驾驶人应当怎么做？ …………………………… 079
38. 牵引故障机动车应当遵守哪些规定？ ………… 079
39. 机动车行驶中遇有下列情形之一的，最高行驶速度
    不得超过每小时 30km，其中拖拉机、电瓶车、
    轮式专用机械车不得超过每小时 15km？ ……… 079
40. 电动自行车在非机动车道内行驶时，最高时速
    不得超过多少公里？ …………………………… 080
41. 《道路交通安全法》对行人的通行有何规定？ … 080
42. 乘车人除遵守《道条》规定外，还须遵守哪些
    规定？ …………………………………………… 080
43. 行人通过路口、横穿道路如何行走？ ………… 080
44. 机动车行经人行横道时，应当减速行驶；遇行人
    正在通过人行横道，应当怎么做？ …………… 080
45. 机动车在高速公路上行驶，不得有哪些行为？ … 080
46. 什么情况下占用应急车道不会被罚？ ………… 081
47. 机动车在高速公路上行驶，遇有雾、雨、雪、

沙尘、冰雹等低能见度气象条件时，应当遵守哪些规定？ 081
48. 雾天行车安全注意事项有哪些？ 081
49. 雪地驾驶有哪些使用注意事项？ 081
50. 对道路交通安全违法行为的处罚种类有哪些？ 082
51. 行人、乘车人、非机动车驾驶人违反道路交通安全法律、法规关于道路通行规定的如何处罚？ 082
52. 道路交通安全法规定的特种车辆是哪几种？ 082
53. 机动车定期进行安全技术检验应当提供哪些凭证？ 082
54. 疲劳驾驶的危害有哪些？ 082
55. 驾驶期间缓解疲劳驾驶的方法有哪些？ 083
56. 超速行驶的主要危害有哪些？ 083
57. 2022年超速罚款标准是什么？ 084
58. 2022年超速记分3分情况有哪些？ 084
59. 2022年超速记分6分情况有哪些？ 085
60. 2022年超速记分12分情况有哪些？ 085
61. 医疗机构对交通事故中的受伤人员应当履行哪些义务？ 085
62. 饮酒后对驾驶车辆的影响有哪些？ 085
63. 2022年饮酒驾车处罚标准是什么？ 086
64. 2022年醉酒驾车处罚标准是什么？ 086
65. 依据《大庆油田有限责任公司交通安全管理办法》遇有哪些行为的，对行为人处以3000元罚款？ ... 087
66. 依据《大庆油田有限责任公司交通安全管理办法》

遇有哪些行为的，对行为人处以 2000 元罚款？ … 087
67. 依据《大庆油田有限责任公司交通安全管理办法》职业驾驶员办理准驾证的，应至少同时符合哪些条件？ …………………………………………… 087
68. 依据《大庆油田有限责任公司交通安全管理办法》外聘驾驶员办理准驾证的，应至少同时具备哪些条件？ …………………………………………… 088
69. 依据《大庆油田有限责任公司交通安全管理办法》有哪些情况的，不予办理准驾证？ …………… 088
70. 依据《大庆油田有限责任公司交通安全管理办法》遇有哪些情况的，驾驶员应拒绝驾驶车辆？ …… 088
71. 依据《大庆油田有限责任公司交通安全管理办法》遇有哪些行为的，对行为人处以 1000 元罚款？ … 089
72. 什么是"交通事故"？ ……………………………… 089
73. 什么是责任事故？ ………………………………… 089
74. 发生交通事故的主要原因是什么？ ……………… 089
75. 行车事故主要有哪几个方面的原因造成？ ……… 089
76. 摩托车（电动车）的行驶特点有哪些？ ………… 090
77. 农用拖拉机的行驶特点有哪些？ ………………… 090
78. 最易引发交通事故的道路条件有哪些？ ………… 090
79. 最容易发生交通事故的情况有哪些？ …………… 090
80. 发生道路交通事故后，车辆驾驶人应如何处理？ …………………………………………… 090
81. 如何预防交通事故？ ……………………………… 091
82. 什么是"交通肇事逃逸"？ ……………………… 091

83. 车辆发生交通事故后逃逸的，事故现场目击人员和
其他知情人员应当怎么做？⋯⋯⋯⋯⋯⋯⋯⋯⋯⋯ 091

第三部分　基本技能

一、操作技能 ⋯⋯⋯⋯⋯⋯⋯⋯⋯⋯⋯⋯⋯⋯⋯⋯⋯ 092

（一）机动车直角倒车侧向移库训练 ⋯⋯⋯⋯⋯⋯ 092
　　1. 图形 ⋯⋯⋯⋯⋯⋯⋯⋯⋯⋯⋯⋯⋯⋯⋯⋯ 092
　　2. 尺寸 ⋯⋯⋯⋯⋯⋯⋯⋯⋯⋯⋯⋯⋯⋯⋯⋯ 092
　　3. 操作要求 ⋯⋯⋯⋯⋯⋯⋯⋯⋯⋯⋯⋯⋯⋯ 093
　　4. 训练目的 ⋯⋯⋯⋯⋯⋯⋯⋯⋯⋯⋯⋯⋯⋯ 093

（二）机动车限时公路调头训练 ⋯⋯⋯⋯⋯⋯⋯⋯ 093
　　1. 图形 ⋯⋯⋯⋯⋯⋯⋯⋯⋯⋯⋯⋯⋯⋯⋯⋯ 093
　　2. 操作要求 ⋯⋯⋯⋯⋯⋯⋯⋯⋯⋯⋯⋯⋯⋯ 093
　　3. 训练目的 ⋯⋯⋯⋯⋯⋯⋯⋯⋯⋯⋯⋯⋯⋯ 094

（三）机动车单"S"形路线行驶训练 ⋯⋯⋯⋯⋯⋯ 094
　　1. 图形 ⋯⋯⋯⋯⋯⋯⋯⋯⋯⋯⋯⋯⋯⋯⋯⋯ 094
　　2. 操作要求 ⋯⋯⋯⋯⋯⋯⋯⋯⋯⋯⋯⋯⋯⋯ 095
　　3. 训练目的 ⋯⋯⋯⋯⋯⋯⋯⋯⋯⋯⋯⋯⋯⋯ 095

（四）机动车转弯上桥定点停车训练 ⋯⋯⋯⋯⋯⋯ 095
　　1. 图形 ⋯⋯⋯⋯⋯⋯⋯⋯⋯⋯⋯⋯⋯⋯⋯⋯ 095
　　2. 操作要求 ⋯⋯⋯⋯⋯⋯⋯⋯⋯⋯⋯⋯⋯⋯ 096

3. 训练目的 ……………………………………… 096

（五）机动车"8"字形路线驾驶训练 ………………… 096

1. 图形 …………………………………………… 096

2. 操作要求 ……………………………………… 096

3. 训练目的 ……………………………………… 097

（六）机动车蛇形曲线驾驶训练 …………………… 097

1. 图形 …………………………………………… 097

2. 操作要求 ……………………………………… 097

3. 训练目的 ……………………………………… 098

（七）机动车直角调头训练 ………………………… 098

1. 图形 …………………………………………… 098

2. 操作要求 ……………………………………… 098

3. 训练目的 ……………………………………… 099

（八）车辆出库并进行调头入库训练 ……………… 099

1. 图形 …………………………………………… 099

2. 操作要求 ……………………………………… 099

3. 训练目的 ……………………………………… 100

（九）机动车侧向移库驾驶训练 …………………… 100

1. 图形 …………………………………………… 100

2. 操作要求 ……………………………………… 100

3. 训练目的 ……………………………………… 101

（十）侧方位停车训练 ……………………………… 101

1. 图形 …………………………………………… 101

2. 尺寸 …………………………………………… 101

3. 操作要求 ……………………………………… 101

    4. 训练目的 …………………………………………… 102
  (十一) 机动车单边桥训练 ………………………………… 102
    1. 图形 ………………………………………………… 102
    2. 尺寸 ………………………………………………… 103
    3. 操作要求 …………………………………………… 103
    4. 训练目的 …………………………………………… 103
  (十二) 机动车限宽门通过训练 …………………………… 104
    1. 场景 ………………………………………………… 104
    2. 尺寸 ………………………………………………… 104
    3. 操作要求 …………………………………………… 104
    4. 训练目的 …………………………………………… 104
  (十三) 拖拽故障车辆救援训练 …………………………… 105
    1. 训练目的 …………………………………………… 105
    2. 操作说明 …………………………………………… 105
  (十四) 更换轮胎 …………………………………………… 107
    1. 使用的主要器材 …………………………………… 107
    2. 操作细则 …………………………………………… 108
    3. 操作流程 …………………………………………… 108

二、常见故障判断处理 ……………………………………… 109
  1. 安全带收回时不自如如何处理？ …………………… 109
  2. 仪表盘上指示灯点亮怎么办？ ……………………… 109
  3. 发动机启动时应注意哪些事项？ …………………… 109
  4. 发动机产生故障的外部现象有几个方面？ ………… 109
  5. 发动机异响有哪几种类型？ ………………………… 109

6. 发动机液压挺柱响的原因是什么？如何处理？…… 109
7. 发动机的节气门体及怠速电动机脏的原因是什么？如何处理？…… 110
8. 发动机曲轴箱上通气孔堵塞的原因是什么？如何处理？…… 110
9. 柴油发动机功率不足，是由哪些原因引起的？……111
10. 柴油机油路堵塞的常见原因有哪些？……111
11. 柴油机排气冒黑烟的原因是什么？…… 112
12. 车辆的排气管排出蓝色烟雾的原因是什么？…… 112
13. 车辆排气管冒白烟，冷车时严重，热车后就不冒白烟的原因是什么？…… 112
14. 柴油机排气冒白烟的原因是什么？…… 112
15. 发动机噪声大，车辆原地踩加速踏板时，有"隆、隆"异响，发动机舱内有振动感的原因是什么？如何处理？…… 112
16. 运行中发动机温度突然过高的原因是什么？…… 113
17. 冷却系统水温高的原因有哪些？…… 113
18. 汽车加速时机油压力指示灯会点亮的原因是什么？…… 113
19. 发动机机油压力指示表显示异常的原因是什么？…… 114
20. 发动机的机油刚刚更换没多久就变黑的原因是什么？…… 114
21. 柴油发动机机油增多的主要原因有哪些？…… 114
22. 发动机机油消耗量过大的原因是什么？…… 115

23. 驾驶同一品牌的车，为何别人的车烧油少，而自己的车却烧油多？ …………………………………… 115
24. 经过一段时间发动机机油消耗了一部分是否正常？ ………………………………………………… 115
25. 发动机废气中排出机油的原因是什么？ ………… 116
26. 拧开散热器盖发现总有一些油渍漂浮在水面上，而且发现换机油时有水分的原因是什么？ ……… 116
27. 新买的车辆发动机抖动严重，有时故障指示灯还会偶尔闪亮的原因是什么？ …………………… 116
28. 发动机运转不平稳，常伴有"突、突"声，加速时发动机动力不足，不时发出"嘭、嘭"的放炮声，排气管冒黑烟的原因是什么？ …………………… 117
29. 行驶中发动机有爆燃响，尤其是加速时明显的原因是什么？ ……………………………………… 117
30. 在冬季低温时，汽车停放时间一长，发动机启动较为困难的原因是什么？ ……………………… 118
31. 发动机冷车启动困难，启动后发动机振动，然后趋于平稳，中低速时发动机开始抖动，高速时有所改善的原因是什么？ …………………………… 118
32. 在松合离合器时有些抖动的原因是什么？ ……… 118
33. 踩离合器时踏板出现轻微"吱、吱"的声音的原因是什么？ ………………………………………… 119
34. 离合器踏板踩下的量小时，挂挡时不痛快，有时还会出现挂挡时齿轮撞击的声音的原因是什么？ ……………………………………………… 119

35. 自动变速器车辆不踩制动踏板变速杆不能扳动的
    原因是什么？ ································· 119
36. 坡路停车时，有时"P"挡位置变速不能扳动的
    原因是什么？ ································· 120
37. 汽车在空车与重载行驶时转向盘均摆动，且在平坦
    路面上行驶摆动较严重的原因是什么？ ········· 120
38. 车辆的转向盘总是不正，一会向左，一会向右，
    飘忽不定的原因是什么？ ······················ 120
39. 车辆在高速行驶时出现全车抖动现象的原因是
    什么？ ·· 120
40. 行驶时车辆转向"发飘"的原因是什么？ ········ 121
41. 汽车在行驶时一遇到故障即引起转向盘摆动，且
    重车时摆动更严重的原因是什么？ ············· 121
42. 在良好的路面上高速行驶，重、空车时转向盘均
    摆动，重车时摆动严重，且车速越快，摆动越
    严重的原因是什么？ ·························· 121
43. 汽车转弯时，转向盘明明转的大转弯却变成小转弯，
    转向盘明明转的是小转弯却又变成大转弯的原因是
    什么？ ·· 122
44. 自动变速器车挂D挡位时，车有轻微振动的原因
    是什么？ ······································ 122
45. 车辆急加速时，车速提不起来的原因是什么？ ···· 122
46. 加油时，发动机转速升高可是车速却不能提高的
    原因是什么？ ································· 123
47. 柴油机油路堵塞故障如何预防？ ················ 123

48. 柴油机猛踏加速踏板有什么害处？……………… 124
49. 真空胶管有漏气声的原因是什么？……………… 124
50. 冬季时，车辆的天窗不能开启的原因是
    什么？…………………………………………… 124
51. 转向时沉重费力的原因是什么？……………… 125
52. 怎样诊断转向沉重故障？其原因是什么？……… 125
53. 行驶时车辆的转向盘难于操纵的原因是什么？…… 125
54. 前轮发摆的原因有哪些？………………………… 126
55. 传动轴在运转中异响和振抖的原因是什么？…… 126
56. 怎样诊听后桥的异响？…………………………… 126
57. 平常能正常行驶，但有时在缓慢停车时，有紧急
    制动的感觉，起步时有拖滞感；高速时油耗较大，
    车速受限的原因是什么？………………………… 127
58. 车辆行走不平路面或是通过减速隔离带时有
    "咯吱"的响声的原因是什么？………………… 127
59. 制动跑偏的原因是什么？………………………… 127
60. 车轮圈发黑的原因是什么？……………………… 128
61. 制动总泵油杯内的液面随着使用不断降低的原因
    是什么？…………………………………………… 128
62. 踩制动踏板时有轻微的"漏气"声音的原因是
    什么？……………………………………………… 129
63. 踩制动踏板时，变速杆处有"咔哒"的声音的
    原因是什么？……………………………………… 129
64. 气压制动气压不足怎样判断故障？……………… 129
65. 气压制动跑偏怎样判断故障？…………………… 130

66. 带有 ABS 的车辆在紧急制动时，出现"嘎嘎"的
噪声的原因是什么？ …………………………………… 130
67. 下小雨时风窗玻璃刮不干净的原因是什么？ …… 131
68. 前照灯内起雾气的原因是什么？ ………………… 131
69. 转向灯点亮时闪烁的频率比平时快的原因是
什么？ ………………………………………………… 131
70. 车辆空调开启时发动机转速不变化的原因是
什么？ ………………………………………………… 132
71. 空调出风口风量小的原因是什么？ ……………… 132
72. 开启空调时，出风口有非常难闻的气味，天气
潮湿时更加严重的原因是什么？ ………………… 132
73. 前风窗玻璃冬季起雾的原因是什么？如何
处理？ ………………………………………………… 133
74. 冬季开暖风时前风窗玻璃有雾气，还伴有甜味的
原因是什么？ ………………………………………… 133
75. 电动车窗的升降速度各个车门不一样的原因是
什么？ ………………………………………………… 133
76. 车门玻璃在升降时，有轻微的"嘎拉"声的原因
是什么？ ……………………………………………… 134
77. 车辆后门从内部打不开的原因是什么？ ………… 134
78. 冬季清晨有时车门不能开启的原因是什么？ …… 134
79. 车辆有噪声的原因是什么？ ……………………… 134

三、应急救援 ……………………………………………… 135

1. 判断生命体征是否变化？ ………………………… 135

2. 车辆出现事故被卡车内的急救方法是什么？ ……… 135
3. 车辆撞击失火的应急救援方法有哪些？ ……… 135
4. 泡沫灭火器适用于扑救哪些火灾？ …………… 136
5. 干粉灭火器的使用方法是什么？ ……………… 136
6. 下沟翻车的自救方法有哪些？ ………………… 136
7. 车辆落水的自救方法有哪些？ ………………… 136
8. 车辆追尾的应急救援方法有哪些？ …………… 136
9. 交通事故现场，伤员急救的基本要求是什么？ …… 137
10. 抢救昏迷失去知觉的伤员注意什么？ …………… 138
11. 抢救失血的伤员注意什么？ ……………………… 138
12. 救助烧伤的伤员注意事项有哪些？ ……………… 138
13. 抢救有害气体中毒伤员要先做什么？ …………… 138
14. 行车过程中遇到险情时处理的基本原则有
    哪些？ ……………………………………………… 138
15. 当撞车难以避免时怎么办？ ……………………… 139
16. 车陷泥坑的自救方法有哪些？ …………………… 139
17. 途中换轮胎没有千斤顶怎么办？ ………………… 139
18. 高速公路上车出现故障怎么办？ ………………… 140
19. 行车中轮胎爆胎了怎么办？ ……………………… 140
20. 驾驶过程中方向失灵了怎么办？ ………………… 141

参考文献 ………………………………………………… 142

第一部分
基本素养

一、企业文化

（一）名词解释

1. 石油精神：石油精神以大庆精神铁人精神为主体，是对石油战线企业精神及优良传统的高度概括和凝练升华，是我国石油队伍精神风貌的集中体现，是历代石油人对人类精神文明的杰出贡献，是石油石化企业的政治优势和文化软实力。其核心是"苦干实干""三老四严"。

2. 大庆精神：为国争光、为民族争气的爱国主义精神；独立自主、自力更生的艰苦创业精神；讲究科学、"三老四严"的求实精神；胸怀全局、为国分忧的奉献精神，凝练为"爱国、创业、求实、奉献"8个字。

3. 铁人精神："为国分忧、为民族争气"的爱国主义精神；"宁肯少活二十年，拼命也要拿下大油田"的忘我拼搏精神；"有条件要上，没有条件创造条件也要上"的艰苦奋斗精神；"干工作要经得起子孙万代检查""为革命练一身硬功夫、真本事"的科学求实精神;"甘愿为党和人民当一辈子老黄牛"、埋头苦干的无私奉献精神。

4. **三超精神**:超越权威,超越前人,超越自我。

5. **艰苦创业的六个传家宝**:人拉肩扛精神,干打垒精神,五把铁锹闹革命精神,缝补厂精神,回收队精神,修旧利废精神。

6. **三要十不**:"三要":一要甩掉石油工业的落后帽子;二要高速度、高水平拿下大油田;三要在会战中夺冠军,争取集体荣誉。"十不":第一,不讲条件,就是说有条件要上,没有条件创造条件上;第二,不讲时间,特别是工作紧张时,大家都不分白天黑夜地干;第三,不讲报酬,干啥都是为了革命,为了石油,而不光是为了个人的物质报酬而劳动;第四,不分级别,有工作大家一起干;第五,不讲职务高低,不管是局长、队长,都一起来;第六,不分你我,互相支援;第七,不分南北东西,就是不分玉门来的、四川来的、新疆来的,为了大会战,一个目标,大家一起上;第八,不管有无命令,只要是该干的活就抢着干;第九,不分部门,大家同心协力;第十,不分男女老少,能干什么就干什么、什么需要就干什么。这"三要十不",激励了几万职工团结战斗、同心协力、艰苦创业,一心为会战的思想和行动,没有高度觉悟是做不到的。

7. **三老四严**:对待革命事业,要当老实人,说老实话,办老实事;对待工作,要有严格的要求,严密的组织,严肃的态度,严明的纪律。

8. **四个一样**:对待革命工作要做到,黑天和白天一个样,坏天气和好天气一个样,领导不在场和领导在场一个样,没有人检查和有人检查一个样。

9. 思想政治工作"两手抓"：抓生产从思想入手,抓思想从生产出发。这是大庆人正确处理思想政治工作与经济工作关系的基本原则,也是大庆人思想政治工作的一条基本经验。

10. 岗位责任制管理：大庆油田岗位责任制,是大庆石油会战时期从实践中总结出来的一整套行之有效的基础管理方法,也是大庆油田特色管理的核心内容。其实质就是把全部生产任务和管理工作落实到各个岗位上,给企业每个岗位人员都规定出具体的任务、责任,做到事事有人管,人人有专责,办事有标准,工作有检查。它包括工人岗位责任制、基层干部岗位责任制、领导干部和机关干部岗位责任制。工人岗位责任制一般包括岗位专责制、交接班制、巡回检查制、设备维修保养制、质量负责制、岗位练兵制、安全生产制、班组经济核算制等8项制度；基层干部岗位责任制包括岗位专责制、工作检查制、生产分析制、经济活动分析制、顶岗劳动制、学习制度等6项制度；领导干部和机关干部岗位责任制包括岗位专责制、现场办公制、参加劳动制、向工人学习日制、工作总结制、学习制度等6项制度。

11. 三基工作：以党支部建设为核心的基层建设,以岗位责任制为中心的基础工作,以岗位练兵为主要内容的基本功训练。

12. 四懂三会：这是在大庆石油会战时期提出的对各行各业技术工人必备的基本知识、基本技能的基本要求,也是"应知应会"的基本内容。四懂即懂设备结构、懂设备原理、懂设备性能、懂工艺流程。三会即会操作、会维修保养、会排除故障。

13. **五条要求**：人人出手过得硬，事事做到规格化，项项工程质量全优，台台在用设备完好，处处注意勤俭节约。

14. **会战时期"五面红旗"**：王进喜、马德仁、段兴枝、薛国邦、朱洪昌。

15. **新时期铁人**：王启民。

16. **大庆新铁人**：李新民。

17. **新时代履行岗位责任、弘扬严实作风"四条要求"**：要人人体现严和实，事事体现严和实，时时体现严和实，处处体现严和实。

18. **新时代履行岗位责任、弘扬严实作风"五项措施"**：开展一场学习，组织一次查摆，剖析一批案例，建立一项制度，完善一项机制。

（二）问答

1. 简述大庆油田名称的由来。

1959年9月26日，新中国成立十周年大庆前夕，位于黑龙江省原肇州县大同镇附近的松基三井喷出了具有工业价值的油流，为了纪念这个大喜大庆的日子，当时黑龙江省委第一书记欧阳钦同志建议将该油田定名为大庆油田。

2. 中共中央何时批准大庆石油会战？

1960年2月13日，石油工业部以党组的名义向中共中央、国务院提出了《关于东北松辽地区石油勘探情况和今后部署问题的报告》。1960年2月20日中共中央正式批准大庆石油会战。

3. 什么是"两论"起家？

1960年4月10日，大庆石油会战一开始，会战领导小组就以石油工业部机关党委的名义作出了《关于学习毛泽东同志所著〈实践论〉和〈矛盾论〉的决定》，号召广大会战职工学习毛泽东同志的《实践论》《矛盾论》和毛泽东同志的其他著作，以马列主义、毛泽东思想指导石油大会战，用辩证唯物主义的立场、观点、方法，认识油田规律，分析和解决会战中遇到的各种问题。广大职工说，我们的会战是靠"两论"起家的。

4. 什么是"两分法"前进？

即在任何时候，对任何事情，都要用"两分法"，形势好的时候要看到不足，保持清醒的头脑，增强忧患意识，形势严峻的时候更要一分为二，看到希望，增强发展的信心。

5. 简述会战时期"五面红旗"及其具体事迹。

"五面红旗"喻指大庆石油会战初期涌现的五位先进榜样：王进喜、马德仁、段兴枝、薛国邦、朱洪昌。钻井队长王进喜带领队伍人拉肩扛抬钻机，端水打井保开钻，在发生井喷的危急时刻，奋不顾身跳下泥浆池，用身体搅拌泥浆制服井喷。钻井队长马德仁在泥浆泵上水管线冻结时，不畏严寒，破冰下泥浆池，疏通上水管线。钻井队长段兴枝在吊车和拖拉机不足的情况下，利用钻机本身的动力设施，解决了钻机搬家的困难。大庆油田第一个采油队队长薛国邦自制绞车，给第一批油井清蜡，又手持蒸汽管下到油池里化开凝结的原油，保证了大庆油田首次原油外运列车顺利启程。工程队队长朱洪昌在供水管线漏水时，用手捂着漏点，忍着灼烧的疼痛，让焊工焊接裂缝，保证了供水工程提前竣工。

6. 大庆油田投产的第一口油井和试注成功的第一口水井各是什么？

1960年5月16日，大庆油田第一口油井中7-11井投产；1960年10月18日，大庆油田第一口注水井7排11井试注成功。

7. 大庆石油会战时期讲的"三股气"是指什么？

对一个国家来讲，就要有民气；对一个队伍来讲，就要有士气；对一个人来讲，就要有志气。三股气结合起来，就会形成强大的力量。

8. 什么是"九热一冷"工作法？

大庆石油会战中创造的一种领导工作方法。是指在1旬中，有9天"热"，1天"冷"。每逢十日，领导干部再忙，也要坐在一起开务虚会，学习上级指示，分析形势，总结经验，从而把感性认识提高到理性认识上来，使领导作风和领导水平得到不断改进和提高。

9. 什么是"三一""四到""五报"交接班法？

对重要的生产部位要一点一点地交接、对主要的生产数据要一个一个地交接、对主要的生产工具要一件一件地交接。交接班时应该看到的要看到、应该听到的要听到、应该摸到的要摸到、应该闻到的要闻到。交接班时报检查部位、报部件名称、报生产状况、报存在的问题、报采取的措施，开好交接班会议，会议记录必须规范完整。

10. 大庆油田原油年产5000万吨以上持续稳产的时间是哪年？

1976年至2002年，大庆油田实现原油年产5000万吨以上连续27年高产稳产,创造了世界同类油田开发史上的奇迹。

11. 大庆油田原油年产4000万吨以上持续稳产的时间是哪年?

2003年至2014年,大庆油田实现原油年产4000万吨以上连续12年持续稳产,继续书写了"我为祖国献石油"新篇章。

12. 中国石油天然气集团有限公司企业精神是什么?

石油精神和大庆精神铁人精神。

13. 中国石油天然气集团有限公司的主营业务是什么?

中国石油天然气集团有限公司是国有重要骨干企业和全球主要的油气生产商和供应商之一,是集国内外油气勘探开发和新能源、炼化销售和新材料、支持和服务、资本和金融等业务于一体的综合性国际能源公司,在全球32个国家和地区开展油气投资业务。

14. 中国石油天然气集团有限公司的企业愿景和价值追求分别是什么?

企业愿景:建设基业长青世界一流综合性国际能源公司;

企业价值追求:绿色发展、奉献能源,为客户成长增动力、为人民幸福赋新能。

15. 中国石油天然气集团有限公司的人才发展理念是什么?

生才有道、聚才有力、理才有方、用才有效。

16. 中国石油天然气集团有限公司的质量安全环保理念是什么?

以人为本、质量至上、安全第一、环保优先。

17. 中国石油天然气集团有限公司的依法合规理念是什么？

法律至上、合规为先、诚实守信、依法维权。

 发展纲要

（一）名词解释

1. 三个构建： 一是构建与时俱进的开放系统；二是构建产业成长的生态系统；三是构建崇尚奋斗的内生系统。

2. 一个加快： 加快推动新时代大庆能源革命。

3. 抓好"三件大事"： 抓好高质量原油稳产这个发展全局之要；抓好弘扬严实作风这个标准价值之基；抓好发展接续力量这个事关长远之计。

4. 谱写"四个新篇"： 奋力谱写"发展新篇"；奋力谱写"改革新篇"；奋力谱写"科技新篇"；奋力谱写"党建新篇"。

5. 统筹"五大业务"： 大力发展油气业务；协同发展服务业务；加快发展新能源业务；积极发展"走出去"业务；特色发展新产业新业态。

6. "十四五"发展目标： 实现"五个开新局"，即稳油增气开新局；绿色发展开新局；效益提升开新局；幸福生活开新局；企业党建开新局。

7. 高质量发展重要保障： 思想理论保障；人才支持保障；基础环境保障；队伍建设保障；企地协作保障。

（二）问答

1. 习近平总书记致大庆油田发现 60 周年贺信的内容是什么？

值此大庆油田发现 60 周年之际，我代表党中央，向大庆油田广大干部职工、离退休老同志及家属表示热烈的祝贺，并致以诚挚的慰问！

60 年前，党中央作出石油勘探战略东移的重大决策，广大石油、地质工作者历尽艰辛发现大庆油田，翻开了中国石油开发史上具有历史转折意义的一页。60 年来，几代大庆人艰苦创业、接力奋斗，在亘古荒原上建成我国最大的石油生产基地。大庆油田的卓越贡献已经镌刻在伟大祖国的历史丰碑上，大庆精神、铁人精神已经成为中华民族伟大精神的重要组成部分。

站在新的历史起点上，希望大庆油田全体干部职工不忘初心、牢记使命，大力弘扬大庆精神、铁人精神，不断改革创新，推动高质量发展，肩负起当好标杆旗帜、建设百年油田的重大责任，为实现"两个一百年"奋斗目标、实现中华民族伟大复兴的中国梦作出新的更大的贡献！

2. 当好标杆旗帜、建设百年油田的含义是什么？

当好标杆旗帜——树立了前行标尺，是我们一切工作的根本遵循。大庆油田要当好能源安全保障的标杆、国企深化改革的标杆、科技自立自强的标杆、赓续精神血脉的标杆。

建设百年油田——指明了前行方向，是我们未来发展的奋斗目标。百年油田，首先是时间的概念，追求能源主业的升级发展，建设一个基业长青的百年油田；百年油田，也是空间的拓展,追求发展舞台的开辟延伸,建设一个走向世界的百年油田;百年油田,更是精神的赓续,追求红色基因的传承弘扬,建设一个旗帜高扬的百年油田。

3. 大庆油田 60 多年的开发建设取得的辉煌历史有哪些?

大庆油田 60 多年的开发建设,为振兴发展奠定了坚实基础。建成了我国最大的石油生产基地;孕育形成了大庆精神铁人精神;创造了世界领先的陆相油田开发技术;打造了过硬的"铁人式"职工队伍;促进了区域经济社会的繁荣发展。

4. 开启建设百年油田新征程两个阶段的总体规划是什么?

第一阶段,从现在起到 2035 年,实现转型升级、高质量发展;第二阶段,从 2035 年到本世纪中叶,实现基业长青、百年发展。

5. 大庆油田"十四五"发展总体思路是什么?

坚持以习近平新时代中国特色社会主义思想为指导,深入贯彻落实党的二十大精神,牢记践行习近平总书记重要讲话重要指示批示精神特别是"9·26"贺信精神,完整、准确、全面贯彻新发展理念,服务和融入新发展格局,立足增强能源供应链稳定性和安全性,贯彻落实国家"十四五"现代能源体系规划,认真落实中国石油天然气集团有限公司党组和黑龙江省委省政府部署要求,全面加强党的领导党的建设,坚持稳中求进工作总基调,突出高质量发展主题,遵循"四个坚持"兴企方略和"四化"治企准则,推进实施以抓好"三件大事"为总纲、以谱写"四个新篇"为实践、以统筹"五大业务"为发展支撑的总体战略布局,全面提升企业的创新力、竞争力和可持续发展能力，当好标杆旗帜、建设百年油田，开创油田高质量发展新局面。

6. 大庆油田"十四五"发展基本原则是什么？

坚持"九个牢牢把握"，即牢牢把握"当好标杆旗帜"这个根本遵循；牢牢把握"市场化道路"这个基本方向；牢牢把握"低成本发展"这个核心能力；牢牢把握"绿色低碳转型"这个发展趋势；牢牢把握"科技自立自强"这个战略支撑；牢牢把握"人才强企工程"这个重大举措；牢牢把握"依法合规治企"这个内在要求；牢牢把握"加强作风建设"这个立身之本；牢牢把握"全面从严治党"这个政治引领。

7. 中国共产党第二十次全国代表大会会议主题是什么？

高举中国特色社会主义伟大旗帜，全面贯彻新时代中国特色社会主义思想，弘扬伟大建党精神，自信自强、守正创新，踔厉奋发、勇毅前行，为全面建设社会主义现代化国家、全面推进中华民族伟大复兴而团结奋斗。

8. 在中国共产党第二十次全国代表大会上的报告中，中国共产党的中心任务是什么？

从现在起，中国共产党的中心任务就是团结带领全国各族人民全面建成社会主义现代化强国、实现第二个百年奋斗目标，以中国式现代化全面推进中华民族伟大复兴。

9. 在中国共产党第二十次全国代表大会上的报告中，中国式现代化的含义是什么？

中国式现代化，是中国共产党领导的社会主义现代化，既有各国现代化的共同特征，更有基于自己国情的中国特色。中国式现代化是人口规模巨大的现代化；中国式现代化是全体人民共同富裕的现代化；中国式现代化是物质文明和精神文明相协调的现代化；中国式现代化是人与自然和谐共生的现代化；中国式现代化是走和平发展道路的现代化。

10. 在中国共产党第二十次全国代表大会上的报告中，两步走是什么？

全面建成社会主义现代化强国，总的战略安排是分两步走：从二〇二〇年到二〇三五年基本实现社会主义现代化；从二〇三五年到本世纪中叶把我国建成富强民主文明和谐美丽的社会主义现代化强国。

11. 在中国共产党第二十次全国代表大会上的报告中，"三个务必"是什么？

全党同志务必不忘初心、牢记使命，务必谦虚谨慎、艰苦奋斗，务必敢于斗争、善于斗争，坚定历史自信，增强历史主动，谱写新时代中国特色社会主义更加绚丽的华章。

12. 在中国共产党第二十次全国代表大会上的报告中，牢牢把握的"五个重大原则"是什么？

坚持和加强党的全面领导；坚持中国特色社会主义道路；坚持以人民为中心的发展思想；坚持深化改革开放；坚持发扬斗争精神。

13. 在中国共产党第二十次全国代表大会上的报告中，十年来，对党和人民事业具有重大现实意义和深远意义的三件大事是什么？

一是迎来中国共产党成立一百周年，二是中国特色社会主义进入新时代，三是完成脱贫攻坚、全面建成小康社会的历史任务，实现第一个百年奋斗目标。

14. 在中国共产党第二十次全国代表大会上的报告中，坚持"五个必由之路"的内容是什么？

全党必须牢记，坚持党的全面领导是坚持和发展中国特色社会主义的必由之路,中国特色社会主义是实现中华民族伟大复兴的必由之路,团结奋斗是中国人民创造历史伟业的必由之路,贯彻新发展理念是新时代我国发展壮大的必由之路,全面从严治党是党永葆生机活力、走好新的赶考之路的必由之路。

职业道德

(一)名词解释

1. **道德**:是调节个人与自我、他人、社会和自然界之间关系的行为规范的总和。

2. **职业道德**:是同人们的职业活动紧密联系的、符合职业特点所要求的道德准则、道德情操与道德品质的总和。

3. **爱岗敬业**:爱岗就是热爱自己的工作岗位,热爱自己从事的职业;敬业就是以恭敬、严肃、负责的态度对待工作,一丝不苟,兢兢业业,专心致志。

4. **诚实守信**:诚实就是真心诚意,实事求是,不虚假,不欺诈;守信就是遵守承诺,讲究信用,注重质量和信誉。

5. **劳动纪律**:是用人单位为形成和维持生产经营秩序,保证劳动合同得以履行,要求全体员工在集体劳动、工作、生活过程中,以及与劳动、工作紧密相关的其他过程中必须共同遵守的规则。

6. **团结互助**:指在人与人之间的关系中,为了实现共同的利益和目标,互相帮助,互相支持,团结协作,共同发展。

(二)问答

1. 社会主义精神文明建设的根本任务是什么?

适应社会主义现代化建设的需要,培育有理想、有道德、有文化、有纪律的社会主义公民,提高整个中华民族的思想道德素质和科学文化素质。

2. 我国社会主义道德建设的基本要求是什么?

爱祖国、爱人民、爱劳动、爱科学、爱社会主义。

3. 为什么要遵守职业道德?

职业道德是社会道德体系的重要组成部分,它一方面具有社会道德的一般作用,另一方面它又具有自身的特殊作用,具体表现在:(1)调节职业交往中从业人员内部以及从业人员与服务对象间的关系。(2)有助于维护和提高本行业的信誉。(3)促进本行业的发展。(4)有助于提高全社会的道德水平。

4. 爱岗敬业的基本要求是什么?

(1)要乐业。乐业就是从内心里热爱并热心于自己所从事的职业和岗位,把干好工作当作最快乐的事,做到其乐融融。(2)要勤业。勤业是指忠于职守,认真负责,刻苦勤奋,不懈努力。(3)要精业。精业是指对本职工作业务纯熟,精益求精,力求使自己的技能不断提高,使自己的工作成果尽善尽美,不断地有所进步、有所发明、有所创造。

5. 诚实守信的基本要求是什么?

(1)要诚信无欺。(2)要讲究质量。(3)要信守合同。

6. 职业纪律的重要性是什么？

职业纪律影响企业的形象，关系企业的成败。遵守职业纪律是企业选择员工的重要标准，关系到员工个人事业成功与发展。

7. 合作的重要性是什么？

合作是企业生产经营顺利实施的内在要求，是从业人员汲取智慧和力量的重要手段，是打造优秀团队的有效途径。

8. 奉献的重要性是什么？

奉献是企业发展的保障，是从业人员履行职业责任的必由之路，有助于创造良好的工作环境，是从业人员实现职业理想的途径。

9. 奉献的基本要求是什么？

（1）尽职尽责。要明确岗位职责，培养职责情感，全力以赴工作。（2）尊重集体。以企业利益为重，正确对待个人利益，树立职业理想。（3）为人民服务。树立为人民服务的意识，培育为人民服务的荣誉感，提高为人民服务的本领。

10. 企业员工应具备的职业素养是什么？

诚实守信、爱岗敬业、团结互助、文明礼貌、办事公道、勤劳节俭、开拓创新。

11. 培养"四有"职工队伍的主要内容是什么？

有理想、有道德、有文化、有纪律。

12. 如何做到团结互助？

（1）具备强烈的归属感。（2）参与和分享。（3）平等尊重。（4）信任。（5）协同合作。（6）顾全大局。

13. 职业道德行为养成的途径和方法是什么？

（1）在日常生活中培养。从小事做起，严格遵守行为规范；从自我做起，自觉养成良好习惯。（2）在专业学习中训练。增强职业意识，遵守职业规范；重视技能训练，提高职业素养。（3）在社会实践中体验。参加社会实践，培养职业道德；学做结合，知行统一。（4）在自我修养中提高。体验生活，经常进行"内省"；学习榜样，努力做到"慎独"。（5）在职业活动中强化。将职业道德知识内化为信念；将职业道德信念外化为行为。

14. 员工违规行为处理工作应当坚持的原则是什么？

（1）依法依规、违规必究；（2）业务主导、分级负责；（3）实事求是、客观公正；（4）惩教结合、强化预防。

15. 对员工的奖励包括哪几种？

奖励种类包括通报表彰、记功、记大功、授予荣誉称号、成果性奖励等。在给予上述奖励时，可以是一定的物质奖励。物质奖励可以给予一次性现金奖励（奖金）或实物奖励，也可根据需要安排一定时间的带薪休假。

16. 员工违规行为处理的方式包括哪几种？

员工违规行为处理方式分为：警示诫勉、组织处理、处分、经济处罚、禁入限制。

17.《中国石油天然气集团公司反违章禁令》有哪些规定？

为进一步规范员工安全行为，防止和杜绝"三违"现象，保障员工生命安全和企业生产经营的顺利进行，特制定本禁令。

一、严禁特种作业无有效操作证人员上岗操作；

二、严禁违反操作规程操作；

三、严禁无票证从事危险作业；

四、严禁脱岗、睡岗和酒后上岗；

五、严禁违反规定运输民爆物品、放射源和危险化学品；

六、严禁违章指挥、强令他人违章作业。

员工违反上述禁令，给予行政处分；造成事故的，解除劳动合同。

第二部分 基础知识

 专业知识

（一）名词解释

1. **机动车**：由动力装置驱动或牵引，上道路行驶的供人员乘用或用于运送物品以及进行工程专项作业的轮式车辆，包括汽车及汽车列车、摩托车、拖拉机运输机组、轮式专用机械车、挂车。

2. **非机动车**：是指以人力或者畜力驱动，上道路行驶的交通工具，以及虽有动力装置驱动但设计最高时速、空车质量、外形尺寸符合有关国家标准的残疾人机动轮椅车、电动自行车等交通工具。

3. **专用作业车**：装置有专用设备或器具，在设计和制造上用于工程专项（包括卫生医疗）作业的汽车，如汽车起重机、消防车、混凝土泵车、清障车、高空作业车、扫路车、吸污车、钻机车、仪器车、检测车、监测车、电源车、通信车、电视车、采血车、医疗车、体检医疗车等，但不包括装置有专用设备或器具而座位数（包括驾驶人座位）超过

9个的汽车（消防车除外）。

4. **双燃料汽车**：具有两套燃料供给系统，且两套燃料供给系统按预定的配比向燃烧室供给燃料，在缸内混合燃烧的汽车，如柴油－压缩天然气双燃料汽车，柴油－液化石油气双燃料汽车等。

5. **混合动力电动汽车（HEV）**：能够至少从下述两类车载储存的能量中获得动力的汽车：（1）可消耗的燃料；（2）可再充电能／能量储存装置。

6. **插电式混合动力汽车**：具有可外接充电功能，且有一定纯电动驱动模式续驶里程的混合动力汽车，包括增程式电动汽车。

7. **增程式电动汽车（REEV）**：一种在纯电动模式下可以达到其所有的动力性能，而当车载可充电储能系统无法满足续航里程要求时，打开车载辅助供电装置为动力系统提供电能，以延长续航里程的电动汽车，且该车载辅助供电装置与驱动系统没有传动轴（带）等传动连接。

8. **燃料电池汽车**：以燃料电池作为主要动力电源的汽车。

9. **危险货物运输车辆**：设计和制造上用于运输危险货物的货车、挂车、汽车列车。

10. **轮式自行机械车**：有特殊结构和专门功能，装有橡胶车轮可以自行行驶，最大设计车速大于20 km/h的轮式机械，如装载机、平地机、挖掘机、推土机等，但不包括叉车。

11. **电动汽车（EV）**：以车载能源为动力，可用电动机驱动车轮行驶，符合道路交通、安全法规各项要求的车辆总称为电动汽车。

12. 充电桩：将电能输送到插电式混合动力、增程式电动汽车、电动汽车的固定设备（通常安装在家庭车库、工作地点、停车装置或公共区域）。充电设备分为：便携式交流充电器、壁挂式交流充电桩、落地式交流充电桩、直流充电桩、交直流一体式充电桩等。

13. 工作循环：发动机完成一次热能转化成机械能的过程，包括进气、压缩、做功和排气四个过程。

14. 发动机工作容积（排量）：排量是指发动机中所有气缸工作容积的总和。

15. 压缩比：气缸总容积与燃烧室容积的比值叫作压缩比。

16. ECU：电子控制单元。

17. 自诊系统：利用电控单元对电控装置各部件进行检测和诊断，可以自行找出存在的故障，被称为"自我诊断系统"，简称"自诊系统"。

18. 汽车故障诊断：在不解体条件下确定汽车技术状况，查明故障部位及原因的检查，称为汽车故障诊断。

19. EFI：汽油机燃油喷射系统。

20. 多点喷射（MPI）：是指电控燃油喷射装置采用进气管内多点喷射，即燃油通过喷油器喷在气缸外进气门附近的进气管内。

21. 着火延迟期：从火花塞电极间跳过火花开始到形成火焰中心为止这段时间称为着火延迟期。

22. EGR（废气再循环）技术：是通过引入部分废气与新鲜空气共同参与到缸内燃烧，利用废气中大量的惰性气体具有较高的比热容的特性，来降低最高燃烧温度，控制废气的生成的一种技术。

23. **飞车**：柴油机的转速超过最高额定转速，并失去控制。

24. **冷却水大循环**：冷却水温度升高时（超过86℃），节温器的主阀门开启，侧阀门关闭旁通孔，冷却水全部经主阀门流入散热器散热后，流至水泵进水口，被水泵压入水套，此时冷却水在冷却系中的循环称作大循环。

25. **负荷特性**：发动机工作时，若转速保持不变，其经济指标随负荷而变化的关系，称为负荷特性。

26. **发动机燃油消耗率**：在1h内发动机每发出1kW有效功率所消耗的燃油质量（以g为单位），称为燃油消耗率。

27. **汽车行驶的安全性**：是指其本身应具有防止和减少道路交通事故的性能，如制动性、行驶稳定性、操纵性等。

28. **汽车的动力性**：是指汽车在良好路面上直线行驶时由汽车纵向外力决定的，所能达到的平均行驶速度。

29. **汽车的加速能力**：汽车在各种使用条件下迅速增加行驶速度的能力。

30. **汽车的最高车速**：汽车满载，在平直、良好的水泥或沥青路面上用最高挡行驶，可以达到的最高行驶速度，称为汽车的最高车速。

31. **燃料经济性**：汽车以最小的燃料消耗量完成单位运输工作的能力，称为汽车的燃料经济性。

32. **经济车速**：是指发动机的功率利用率较高，汽车耗油较低，汽车零件磨损较少情况下的汽车行驶速度。

33. **定速巡航系统（CRUISE CONTROL SYSTEM）**：缩写为CCS，又称为定速巡航行驶装置、速度控制系统、自动驾驶系统等。其作用是：按司机要求的速度合开关之后，不用踩油门踏板就自动地保持车速，使车辆以固定的速度行驶。

34. **空气阻力**：是指汽车在空气介质中运动，所受到的在行驶方向上的作用力。

35. **牵引力**：在车轮与路面的接触点给路面作用一个向后的切向力，其方向与汽车行驶方向相反。

36. **牵引力控制系统（TCS）**：即循迹控制系统，是根据驱动轮的转速及传动轮的转速来判定驱动轮是否发生打滑现象，当前者大于后者时，进而抑制驱动轮转速的一种防滑控制系统。

37. **附着力**：路面对车轮切向反作用力的最大值被称为附着力。

38. **轮距**：轮距是指在支撑平面上，同轴左右车轮两轨迹中心间的距离。轴两端为双轮时，轮距为左右两条轨迹的中线间的距离。

39. **轴距**：汽车前轴中心到后轴中心的距离。

40. **前轮定位**：汽车行驶时，为了保证汽车转向轻便顺利、准确和自动保持直线行驶的能力，在汽车的前轮上设计有主销内倾角、车轮外倾角、车轮前束和主销后倾角，统称为前轮定位。

41. **前轮前束**：汽车两个前轮的后端距离大于两前轮的前端距离，它们的差值称为前轮前束。

42. **汽车最小转弯半径**：指方向盘打到极限时，汽车外侧前轮滚过的轨迹中心至转向中心的距离。

43. **汽车接近角**：汽车接近角是水平面与切于前轮轮胎外缘（静载时）的平面之间的最大夹角；接近角越大，汽车的通过性能就越好。

44. **汽车离去角**：自车身后部最突出点（一般为牵引钩

的底部）向后轮引切线，切线与地面之间的夹角。

45. 汽车最小离地间隙：汽车最小离地间隙是指地面与车辆底部刚性物体最低点之间的距离。它反映的是汽车无碰撞通过有障碍物或凹凸不平的地面的能力。

46. 汽车最大爬坡度：汽车最大爬坡度是指汽车满载时在良好路面上用第一挡克服的最大坡度。爬坡度用坡度的角度值（以度为单位）或以坡度起止点的高度差与其水平距离的比值的百分数来表示。

47. 上坡阻力：车辆在倾斜线路上运行时，需克服由于坡度产生的动分力称为坡道阻力。

48. 上坡辅助：车辆在陡峭或光滑坡面上起步时，驾驶员从制动踏板切换至油门踏板车辆将向后下滑，从而导致起步困难。为防止此情况发生，上坡起步辅助控制暂时（最长约2s）对四个车轮施加制动以阻止车辆下滑。

49. 陡坡缓降：也被称为斜坡控制系统HDC，使驾驶员能在不踩制动踏板的完全控制情况下，平稳地通过陡峭的下坡坡段。根据需要，制动装置自动控制各车轮，以略快于行走速度向前移动，此时驾驶员可完全专注于控制方向盘。

50. 汽车制动性：汽车制动性是指汽车能在短距离内停止且维持行驶方向稳定性和在下坡时能维持一定车速的能力。

51. 制动效能：汽车行驶时能在短时间内停车且维持行驶方向稳定性和在下长坡时能维持一定车速的能力。

52. 制动拖滞：指制动后抬起制动踏板时，全部或个别车轮仍产生制动作用的现象。

53. 制动侧滑：汽车在制动时，同一轴的两边车轮，向同一侧滑移。

54. **ABS**：电子控制防抱死制动系统。

55. **EBD**：电子制动力分配 EBD 的功能就是在汽车制动的瞬间，高速计算出四个轮胎由于附着不同而导致的摩擦力数值，然后调整制动装置，使其按照设定的程序在运动中高速调整，达到制动力与摩擦力（牵引力）的匹配，以保证车辆的平稳和安全。

56. **刹车辅助系统**：刹车辅助系统包括电子制动辅助系统，也称 BAS，能够通过判断驾驶者的刹车动作（力量及速度），在紧急制动时增加刹车力度，从而将制动距离缩短。

57. **汽车的通过性**：是指汽车在一定装载质量下，以足够高的平均车速通过各种坏路及无路地带和克服各种障碍物的能力。

58. **汽车操纵稳定性**：指汽车在各种条件下，抵抗倾覆（翻车）和侧滑的能力。

59. **汽车的行驶平顺性**：是指汽车在一般使用速度范围内行驶时，能保证乘坐者不致因车身振动而引起不舒适和疲乏感觉以及保持货物完整无损的功能。

60. **无匙进入**：（1）当钥匙靠近车体时，车门自动开锁并解除防盗警戒状态，同时转向灯闪烁 2 次；当钥匙离开车体时，车门自动上锁并进入防盗警戒状态，此时转向灯闪烁 1 次，喇叭响一短声；（2）主门的有效检测距离不小于 1.5m，其他门要求在门边时有效。

61. **无匙启动**：启动车辆不用插入钥匙，把钥匙放在包内或口袋里，按下车内按键或拧动导板即可使发动机点火。

62. **发动机自动启停技术**：在车辆行驶过程中临时停车的时候，系统自动停止和重启发动机的一套系统。

63. **多功能方向盘**：多功能方向盘是指在方向盘两侧或者下方设置一些功能键，让驾驶员更方便操作的方向盘。

64. **可记忆电动座椅**：可记忆电动座椅即自动调节可记忆座椅，可通过操纵控制按键，记忆并自动调节前座椅位置。可记忆电动座椅既具有普通电动座椅的机械调节功能，可适应不同体型驾驶员或满足驾驶员不同需要时的座椅位置要求，又增加了座椅位置的记忆及调节功能。

65. **防夹电动窗**：通过霍尔传感器判断玻璃位置，如果在玻璃上升过程中，有异物阻挡玻璃上升，电动窗马上停止上升，立刻下降到底，实现防夹功能。

66. **中控锁**：可以同时控制全车车门关闭与开启的一种控制装置。

67. **儿童安全锁**：儿童安全锁用于车辆的后车门，防止车辆行驶中从车内打开车门而产生危险。在此装置起作用时即使打开电控中控门锁，该装置仍处于锁止状态。如果想要打开后门只能在中控门锁开启的状态下，用车门外侧的开关拉开车门。

68. **行车记录仪**：记录车辆行驶途中的影像及声音等相关资讯的仪器。能够记录汽车行驶全过程的视频图像和声音，可为交通事故提供证据；也可以用它来记录征服艰难险阻的过程。

69. **发动机电子防盗系统**：在每把钥匙内嵌有一个防盗转换器。当将钥匙插入点火开关锁芯并将其旋转至"ON"位置时，电子防盗ECU与钥匙之间通过无线射频的方式进行通信。如果钥匙被确认是合法的，则防盗ECU将与发动机ECU进行密码验证。如果密码验证正确，将允许发动机启动。

70. 感应雨刷：通过雨量传感器感应雨滴的大小，自动调节雨刷运行速度，为驾驶者提供良好的视野，从而大大提高雨天驾驶的方便性和安全性。

71. 胎压监测：它的作用是在汽车行驶过程中对轮胎气压进行实时自动监测，并对轮胎漏气和低气压进行报警，以确保行车安全。胎压监测主要分为两种，一种是间接式胎压监测，另一种是直接式胎压监测。

72. LED 大灯：前大灯所有的光源均采用 LED。

73. 自动头灯：为前大灯安装了感光控制系统，中央智能控制盒根据光纤传感器来判断光线亮度变化，从而控制自动点亮或熄灭头灯。

74. 日间行车灯：日间行车灯是为白天向前方提示车辆存在设置的，安装在前端的两侧，是使车辆在白天行驶时更容易被人认出来的灯具。它的功效不是为了使驾驶员能看清路面，而是为了让别人知道有一辆车开过来了。因此这种灯具不是照明灯，而是一种信号灯。

75. 随动转向大灯：自适应前大灯系统 AFS，能够根据汽车方向盘角度、车辆偏转率和行驶速度，不断对大灯进行动态调节，适应当前的转向角，保持灯光方向与汽车的当前行驶方向一致。

76. 子午线轮胎：轮胎的帘线排列相互平行，类似地球上的子午线（经线），故称之为子午线轮胎。

77. 非全尺寸备胎：指比常用胎的轮胎直径略小、宽度较窄的备胎。备胎只能做暂时性更换，且行驶最高时速在 80km 以内，行驶距离不超过 100km。

78. B 柱：B 柱又称中柱，在驾驶舱的前座和后座之间，就是两侧两扇门之间的纵向柱子，从车顶延伸到车底部，从内侧看，安全带就在 B 柱上。B 柱很重要，它承受着两方面的压力，一是支撑车顶盖，二是承受前后门的压力。

79. 金属漆：金属漆是指在漆基中加有细微金属粒子的一种常温固化涂料，是目前流行的一种汽车面漆。在它的漆基中加有微细的铝粒，光线射到铝粒上后，又被铝粒透过漆膜反射出来。

（二）问答

1. 涉水后怎样恢复制动力？

制动摩擦片沾水后，摩擦系数减小，使制动力下降。涉水后，应低速行驶，并使用轻制动的方法使水分蒸发，以恢复制动力。

2. 当车辆发生碰撞时，安全气囊系统是怎样工作的？

当车辆发生碰撞时，产生的冲击力使传感器和触发传感器接通，ECU（行车电脑）接通电爆电路，电爆管内的点火介质引燃，火焰随即扩散到气体发生剂，产生大量气体，经滤网冷却后进入气囊内，气囊急剧膨胀，冲破护盖，缓冲由于惯性对驾驶员和乘员的冲击。

3. 空气悬挂系统的工作原理是什么？

根据路况的不同以及距离传感器的信号，行车电脑会判断出车身高度变化，再控制空气压缩机和排气阀门，使弹簧自动压缩或伸长，从而降低或升高底盘离地间隙，以增加高速车身稳定性或复杂路况的通过性。

4. 麦弗逊式独立悬架的优点是什么？

结构简单、成本低廉、舒适性尚可。

5. 喇叭短按一声"嘀"代表什么意思？

一般用于两车驾驶员互相打招呼，或者驾驶员与行人打招呼,也是错车时相互表示的一种礼仪用语。

6. 喇叭长按一声喇叭"嘀——"代表什么意思?

在行驶过程中,遇到远方有障碍物、强行超车和急转弯时,可以采用汽笛长鸣"嘀~~"的方式。其目的是"提示"或"警示"前车或行人等。当然,这种鸣笛方式很容易引起他人的不满,并且有些地方属于禁鸣区,所以不建议经常使用。

7. 喇叭短按"嘀嘀"代表什么意思?

多用于超车时,除了用灯光示意前车,最好加上短促的两声"嘀嘀"。是超车时对前车驾驶员礼让三分的致意。

8. 喇叭连续的"嘀嘀!"或是"嘀!嘀嘀!"代表什么意思?

在正常行驶中,需提醒前方的行人及非机动车注意时。

9. 夜晚交叉路口,出入视野盲区需要注意什么?

应闪三下大灯,辅助鸣笛。

10. 遇到并道或者车辆交替通行路段,车辆灯光怎样操作?

遇到并道或者车辆交替通行路段,变道车首先会提前打开转向灯,在车流交汇处稍等。后车要是同意,就放慢车速,并闪一下大灯,表示"同意变道",如果不方便,就连闪几下大灯,表示"不同意变道"。

11. 阶段性亮刹车灯代表什么意思?

在高速路行驶的过程中,刹车灯有另一种用法,即在后车距离自己车太近的时候,前车司机可轻踩刹车,提示后车"您离我太近了,应该远点。"

12. 发现邻车有问题,灯语怎样表示?

大灯连闪三下,在车灯语言中是提示邻车有问题,需要检查车辆。

13. 夜晚遇到强光闪眼，灯语怎样表示？

在两车交会前闪两下大灯，提醒对方会车时要切换灯光。

14. 绿灯时前车不走，灯语怎样表示？

大灯闪一下，提醒前车注意。

15. 如何正确使用远光灯？

（1）放慢车速；

（2）尽可能少使用远光灯；

（3）必要时灯光可以交替使用；

（4）经常检查自己的灯光状态：当遇到对面来车频繁切换灯光照射自己时，应当检查自己的远光灯是否在无意中开启；

（5）大雾天气禁用远光灯，因为此时空气透明度较差，灯光会在空气中形成漫反射效果，不仅不会让你看得更远，反而会加大对来车的影响；

（6）如果对方开了远光灯你也可以用远近光灯转换来提醒对方车辆关闭远光灯。

16. 危险报警闪光灯可以用于什么场合？

（1）在道路上临时停车时要开启危险报警闪光灯；

（2）在道路上发生故障或者发生交通事故时使用危险报警闪光灯；

（3）一般道路上，雾天行车使用危险报警闪光灯；

（4）在高速公路上，遇有雾、雨、雪、沙尘、冰雹等情况，能见度小于100m时使用危险报警闪光灯；

（5）牵引故障机动车时，牵引车和被牵引车均应当开启危险报警闪光灯。

17. 汽车按总体构造可划分为几大部分？

主要分为发动机、底盘、车身和电气设备四大部分。

18. 汽油发动机由哪些机构和系统组成？

汽油发动机由两大机构和五大系统组成。它们是：曲柄连杆机构、配气机构；燃料供给系统、润滑系统、冷却系统、启动系统和点火系统。

19. 什么是发动机的工作循环？

在往复式发动机中，发动机依次完成进气、压缩、做功和排气四个连续的过程，就是发动机的工作循环。

20. 发动机机油主要功能是什么？

发动机机油主要功能是：润滑、密封、散热、清洗及防锈。

21. 机油滤清器的作用是什么？

机油滤清器的作用：滤除机油中的机械杂质和胶质。

22. 怎样正确检查发动机机油？

将车辆停放在水平的路面上，待发动机停置 15～20min 后，拔出机油标尺检查机油量，油痕保持在上、下限两个刻度之间，属于正常范围。油痕低于下限，应添加同标号的机油，加油后的液面不能高于上限，及时清理加油口油污。

23. 发动机节温器的作用是什么？

根据发动机冷却系统水温变化，改变冷却液循环路线及流量，自动控制通过散热器的冷却水流量，来调节冷却系统冷却强度，从而自动调节冷却液温度使发动机维持在最适宜的温度下工作。

24. 防冻液具备哪些功能？

防冻液具有防冻功能、防腐功能、防垢功能、高沸点功能。

25. 怎样正确检查冷却液？

发动机在热机状态时，千万不要打开散热器盖，这样做可能会被溅出的冷却液或高温气体烫伤。待发动机停机冷却后，用抹布盖住散热器盖，小心打开。待压力释放后，拿开盖子，检查液面高度。液面位置应处于高、低刻度之间，否则应补冷却液。

26. 发动机过热的危害是什么？

（1）降低充气效率，减少进气量，导致发动机功率下降；

（2）发动机温度过高使润滑油变稀，降低润滑效果，加速机件磨损；

（3）因材料过热膨胀变形，改变了发动机各部件之间的正常配合间隙；

（4）燃烧室温度过高，使表面点火或爆震燃烧的倾向加大。

27. 空气滤清器怎样清洁？过脏的危害是什么？

检查空气滤清器时，若发现灰尘较少，堵塞较轻，可用高压空气从内向外吹净，继续使用。过脏的空气滤清器应及时更换。

空气滤清器过脏的危害：会引起发动机进气不足、功率下降、油耗增加，造成发动机严重磨损或损坏等。

28. 怎样检查发动机风扇皮带？

发动机停机时，用食指按压皮带中部位置，检查松紧度，按压皮带压下 15～20mm 为宜，否则进行调整。发动机运转时，皮带发响，是长期没有检查调整所致，应按正常标准调整。若皮带老化，应及时更换。

29. 柴油发动机输油泵起什么作用？

柴油发动机输油泵的作用是：将柴油连续不断地从燃油箱中吸出，经滤清器滤清后，输送至高压油泵。

30. 使用柴油应注意些什么？

（1）柴油应根据不同地区和季节进行选用，选用柴油时，一般要求凝点比最低工作温度低 $3 \sim 5{}^\circ\!\text{C}$ 以上；

（2）不同牌号柴油可以混合使用，混合时要注意搅拌均匀；

（3）柴油加入油箱前，一定要经过充分的沉淀和过滤。

31. 什么是发动机高压共轨技术？

共轨技术是指高压油泵、压力传感器和 ECU 组成的闭环系统中，将喷射燃油压力的产生和喷射过程彼此完全分开的一种供油方式。它由高压油泵把高压燃油输送到公共供油管，通过对公共供油管内的油压实现精确控制，使高压油管压力大小与发动机的转速无关，可以大幅度减小柴油机供油压力随发动机转速的变化，因此也就减少了传统柴油机供油的缺陷。

"高压"是指喷油系统压力比传统柴油机要高出 3 倍，最高能达到 200MPa（而传统柴油机喷油压力在 $60 \sim 70$ MPa），压力大，雾化好，燃烧充分，从而提高了动力性，最终达到省油的目的。

"共轨"是通过公共供油管同时供给各个喷油嘴，喷油量经过 ECU 精确的计算，同时向各个喷油嘴提供同样质量、同样压力的燃油，使发动机运转更加平顺，从而优化柴油机综合性能。而传统柴油发动机由各缸各自喷油，喷油量和压力不一致，运转不均匀，造成燃烧不平稳，噪声大，油耗高。

32. 什么是发动机废气涡轮增压？

涡轮增压器实际上是一种空气压缩机，通过压缩空气来增加进气量。它是利用发动机排出的废气惯性冲力来推动涡轮室内的涡轮，涡轮又带动同轴的叶轮，叶轮压送由空气滤清器送来的空气，使之增压进入气缸。当发动机转速增快，废气排出速度与涡轮转速也同步增快，叶轮就压缩更多的空气进入气缸，空气的压力和密度增大可以燃烧更多的燃料，相应增加燃料和调整发动机的转速，增加发动机的输出功率。

33. 发动机废气涡轮增压原理及作用？

（1）以废气能量驱动涡轮式增压器转动，将压缩空气压入发动机气缸内的过程就是废气涡轮增压；

（2）其作用是增加进气量，以提高发动机的动力性。

34. 什么是增压中冷技术？

增压中冷（又称中冷增压），就是涡轮增压器将新鲜空气压缩，经中段冷却器（中冷器）冷却，然后经进气歧管、进气阀门流至气缸。由于中冷器位于发动机和涡轮增压器之间，所以将这项技术称作增压中冷技术。有效的中冷技术可使增压后的空气温度下降到50℃以下，有助于减少废气的排放和提高燃油经济性。增压中冷系统平时不工作，只有当汽车满载或达到一定的速度时，增压中冷的优越性才能真正地体现出来。

35. 如何正确检查保养涡轮增压器？

（1）检查增压器时，必须在发动机冷却下来后进行检查，检查中不能运转发动机，以免造成人身伤害；

（2）检查空气滤清器与增压器、增压器与发动机进排气管之间的连接管路密封性和紧固情况，以免灰尘进入使增

压器及气缸磨损;

(3) 检查涡轮增压器进回油管有无损坏或节流现象,接头处连接螺栓有无松动;

(4) 检查机油品质、清洗或更换机油滤芯;

(5) 检查空气滤清器并定期清洁更换滤芯;

(6) 检查发动机曲轴箱呼吸器是否通畅,保证曲轴箱压力正常。

36. 汽车的动力性指标有哪些?

汽车的动力性是汽车各性能中最基本、最主要的使用性能,汽车的动力性指标有以下三个:

(1) 汽车的最高车速。指汽车满载、发动机节气门全开、变速器挂入最高挡,在水平良好路面上所能达到的最高行驶速度。

(2) 汽车的加速能力。指汽车在各种使用条件下迅速增加行驶速度的能力,常用加速过程中的加速度、加速时间和加速行程来确定加速能力。

(3) 汽车的爬坡能力。用最大爬坡度评定,指汽车满载行驶在良好的水泥或沥青路面上,用变速器最低挡所能克服的最大道路坡度。

37. 为提高动力性,对发动机有哪些技术要求?

(1) 发动机气缸应具有良好的密封性;

(2) 要保持发动机良好的进气量;

(3) 燃料系统和点火系统的调整符合出厂标准;

(4) 发动机在中等转速下工作;

(5) 要保持发动机润滑良好和正常的工作温度。

38. 发动机的动力传递路线(不含分动器)是什么?

发动机的动力传递路线为:

发动机—离合器—变速器—万向传动装置—主减速器—差速器—半轴—驱动轮。

39. 汽车底盘由哪四部分组成？

底盘由传动系统、行驶系统、转向系统和制动系统四部分组成。

40. 汽车传动系统由哪几部分组成？

汽车传动系统是由离合器、变速器、万向传动装置及驱动桥（包括主减速器、差速器、半轴）等零部件组成。

41. 汽车传动系统的功用是什么？

（1）汽车传动系统的功用是将发动机发出的动力传给驱动轮；

（2）使发动机的动力性能与汽车使用性能相适应；

（3）使传动和行驶系很好地配合工作，完成减速与变速；

（4）实现汽车前进与倒退；

（5）可以中断传动。

42. 汽车离合器的作用是什么？

（1）将发动机的动力与传动系统牢固地结合和彻底分离；

（2）使汽车平稳起步；

（3）减轻换挡时的冲击；

（4）在传动系统过载时，产生打滑现象，防止传动系统机件损坏；

（5）在离合器结合时，起减震作用。

43. 怎样检查离合器油液面？缺油的原因是什么？

打开发动机盖，检查储油罐液面，液面介于高、低刻度之间，则表示正常，如果低于低刻度线，应及时补加。

44. 离合器打滑的主要原因是什么?

（1）离合器踏板无自由行程；

（2）摩擦片磨损过甚、铆钉头露出或有油污；

（3）飞轮和压盘严重磨损变形，压盘弹簧过软或折断；

（4）双片离合器中心压盘调整不当；

（5）从动盘花键毂铆钉断裂、破损。

45. 变速器挡位数对汽车动力性的影响是什么?

（1）挡位数多，发动机在接近最大功率工况下工作的机会增加；

（2）发动机的平均功率利用率提高；

（3）后备功率增大；

（4）加速和爬坡能力提高；

（5）可以提高汽车的动力性。

46. 差速器的主要功用是什么?

当汽车转弯或行驶在凸凹不平的道路时，左右驱动轮能在不等速度情况下工作。

47. 汽车行驶系统是由哪几部分组成的?

汽车行驶系统是由车架、车桥、车轮、悬挂等总成组成。

48. 什么是液压传动?

液压传动是以液体（通常是油液）作为工作介质，利用液体压力来传递动力和进行控制的一种传动方式。

49. 汽车悬挂的作用是什么?

汽车悬挂将汽车行驶系统与车身连接成一体，用以支持全车，保证汽车行驶。

50. 减震器的作用是什么?

减震器的作用是吸收车架和车身的震动能量，衰减车架与车身震动，提高车辆行驶的平顺性。

51. 国际标准协会对人体承受的振动加速度划分出哪三种不同的感觉界限？

（1）暴露极限。振动加速度值在这个极限以下，人能保持健康或安全。

（2）疲劳降低工作效率界限。

（3）舒适降低界限。

52. 汽车轮胎的作用是什么？

（1）支撑汽车的重量；

（2）同悬架一起缓冲汽车行驶中所受到的地面冲击，并衰减由此而产生的振动。

53. 怎样检查轮胎？

目测轮胎，在常温下轮胎气压（空载2.5个胎花，重载3个胎花接触地面为正常轮胎气压），如果低于正常标准，应及时补充轮胎气压。气压不能过高或过低，否则影响轮胎使用寿命及驾驶的安全性。轮胎磨损到极限，产生龟裂严重，应及时更换。选用轮胎时，应换同型号轮胎。

54. 如何正确地选配轮胎？

（1）所选轮胎的尺寸规格要符合车辆使用说明书的规定；

（2）所选轮胎的速度等级必须与车辆最高行驶速度相适应；

（3）所选轮胎的负荷能力要与装载质量相适应。

55. 轮胎异常磨损的原因是什么？

（1）轮胎气压过高或过低；

（2）前轮定位失准；

（3）道路状况差。

56. 轮胎胎肩磨损的主要原因是什么？

轮胎长期在气压不足的条件下使用所致。因为轮胎气压不足时，承载后，胎冠的接地部分加宽，中部略向上拱起，从而造成胎冠两肩着地而磨损。

57. 造成汽车爆胎的原因有哪些？

汽车爆胎事故有四个原因：(1) 轮胎气压过低，车轮的下沉量增大，径向变形量增大，胎面与地面摩擦增加，滚动阻力上升，胎体的内应力也随之上升，造成胎体温度急剧升高。(2) 轮胎充气过量。通常来讲胎压标准值应该是轮胎标记上最大载重、速度时胎压的 80%～100%。(3) 轮胎安装错误，包括车轮不平衡和前轮定位不当。(4) 轮胎缺乏必要的维护，如果不对轮胎进行换位和保养，轮胎就会出现磨损不均的现象，容易形成薄弱处，导致爆胎。

58. 评价汽车通过性的几何参数指标主要有哪些？

最小离地间隙、接近角、离去角、纵向通过半径和横向通过半径等。

59. 影响汽车通过性的主要因素有哪些？

一类是使用因素，包括轮胎气压、轮胎花纹、车轮尺寸和驾驶操作方法；另一类是结构因素，包括汽车通过性的主要几何参数以及前后轮的轮距、驱动轮的数目、液力传动和差速器的形式等。

60. 影响汽车行驶平顺性的使用因素有哪些？

(1) 道路对平顺性的影响，道路不平是引起汽车振动的主要原因；

(2) 车身振动频率影响汽车平顺性，主要有弹簧的刚度和轮胎的气压等。

61. 汽车转向系统的作用是什么？

按照驾驶员驾驶意识所决定的方向行驶。它是由带有方向盘的转向器和转向传动装置等组成。

62. 汽车转向时应满足哪两个基本条件？

（1）车轮与路面应有足够的附着力；

（2）两转向轮的偏转角大小不相等，并有一定的相互关系。

63. 什么是前轮定位？前轮定位的内容是什么？

转向轮、转向节、前轴三者之间所具有的一定的相对安装位置，叫作前轮定位，它包括主销内倾、主销后倾、前轮外倾、前轮前束四个内容。

64. 前轮定位有什么作用？

前轮定位的基本作用是，使汽车保持稳定的直线行驶，转向轻便，减少汽车行驶中轮胎和转向机件的磨损。

65. 汽车转向系统的正确使用方法是什么？

汽车转向系统在使用中应注意：

（1）禁止高速急转弯和猛打转向盘；

（2）在松软地面上转向时，避免将转向盘打得过急或打死，以防止前轮侧滑而造成转向困难；

（3）在高低不平的道路上行驶时，应降低车速，握紧转向盘，以防止路面冲击力反传至转向盘，将手击伤；

（4）禁止停车后原地转动转向盘，以免损坏机件。

66. 汽车制动系统包括哪四个组成部分？

汽车制动系由供能装置、控制装置、传动装置、制动器四个组成部分组成。

67. 车辆制动系统的作用是什么？

迅速降低车辆的行驶速度至停车。

68. 一次制动过程中，驾驶员从发现障碍物开始到制动结束，分哪四个过程？

（1）驾驶员反应过程；

（2）制动力作用过程；

（3）减速度保持不变过程；

（4）制动力释放过程。

69. 怎样检查制动液面，缺油的原因是什么？

打开发动机盖，检查储油罐液面，液面介于高、低刻度之间，则表示正常，如果低于下刻度线，应及时补加。补加制动液时，必须加同一种型号的制动液，防止损坏皮碗，加油时注意液面，防止溢出损伤漆面。

缺油的原因：制动总泵或分泵皮碗损坏、接头或管线渗漏。

70. 为什么要定期更换制动液，更换标准是什么？

由于机件磨损，杂质过多与空气接触，使制动液水分增加，从而使沸点下降，制动时易形成气阻或堵塞，导致制动失灵；制动总泵、分泵活塞腐蚀，使制动液在密封圈处泄漏，影响制动效果。更换标准：每 4×10^4 km 或 2 年更换一次制动液。

71. 汽车电气设备组成是什么？

电气设备由电源和用电设备两大部分组成。电源包括蓄电池和发电机。用电设备包括发动机的启动系统、汽油机的点火系统和其他用电装置。

72. 交流发电机的作用？

交流发电机是汽车中除蓄电池外的另一个重要电源，在发动机运转及汽车行驶的大部分时间，由交流发电机向各用电设备供电，同时还向蓄电池充电。

73. 蓄电池的功能是什么？

（1）启动发动机时，向启动机提供大电流；

（2）当发动机处于怠速状态和夜间行驶时，向用电和照明设备供电；

（3）当用电设备用电量较大，发电机出现过载时，协助发电机供电；

（4）当发电机的端电流高于蓄电池电流时，蓄电池将部分电能转变为化学能储存起来。

74. 怎样正确检查保养蓄电池？

蓄电池必须安装牢固，电解液应高出极板 10～15mm，液面过低时应及时补加蒸馏水，保持蓄电池正、负极柱清洁，电缆、卡子连接牢固无氧化物，保持蓄电池外观清洁、干燥。放置时间较长的车辆，要摘下蓄电池的正、负极电缆，相隔半个月左右重新接线，启动发动机约 20min 后，为蓄电池补充电，如果电量明显不足要及时充电。

75. 空气潮湿对车辆使用有什么影响？

（1）加速金属零件的锈蚀；

（2）汽车电器受潮后，使绝缘性能降低，容易产生接触不良、开关短路、控制失灵等故障；

（3）木质、棉麻制品容易霉烂，橡胶制品易老化。

76. 低温对车辆使用有什么影响？

（1）发动机启动困难；

（2）机件磨损速度增大；

（3）某些机件容易冻坏；

（4）燃料、材料消耗增加；

（5）行车条件恶化，不利于安全行车。

77. 低温行车的技术措施有哪些？

（1）保温、防冻；

（2）换用冬季润滑油和润滑脂；

（3）适当提高发电机的充电电流；

（4）对燃料供给系统进行必要的调整；

（5）对点火系统进行必要的调整。

78. 车辆冬季启动时应注意什么？

（1）启动前必须充分预热，启动时不允许猛踩踏加速踏板或冷车大油门启动，启动后保持发动机怠速运转，注意观察机油压力的变化；

（2）待温度上升到50℃以上，车辆方可起步；

（3）起步后先用一挡低速慢行300～500m以上，待变速器、差速器齿轮油黏度降低后，可逐级加挡行驶。

79. 什么是例行保养？

根据不同的设备类型及运行、使用条件，由操作者自己负责检查、清洁、润滑、紧固、调整等作业。

80. 什么是车辆维护？

车辆每行驶一定里程或时间后，采取清洁、检查、补给、润滑、紧固、调整等办法，保持车容、车貌整洁，及时发现和消除故障、隐患，防止车辆早期损坏的技术、措施。

81. 汽车维护应贯彻的原则是什么？

汽车维护应贯彻的原则是：预防为主、定期检测、强制维护。

82. 汽车为什么按质换润滑油？

汽车经过长期使用，机件会产生高温，润滑油黏度、水分、抗磨性等各项指标不能达到使用要求，发动机、变速器、差速器得不到良好的润滑，机件加速磨损，所以汽车需要按质换油。

83. 润滑脂保存应注意什么？

防止高温暴晒，使油脂变质。防止雨、水侵蚀乳化变质。注意密闭保存，防止混入尘土和其他杂质，油品标记清楚。

84. 集中润滑车辆驾驶员如何检查集中润滑装置？

（1）司机应定期检查油箱油位，使其不少于集中润滑油箱总油量的 1/3；

（2）驾驶员注意观察仪表盘上的集中润滑监控器，当其报警（发出"嘀嘀嘀"的响声且显示屏闪烁）时，应按其右键解除报警，并及时给集中润滑油箱加润滑脂；

（3）在冬季，驾驶员应对润滑油输油管进行检查，清除输油管上悬挂的冰雪等，避免输油管断裂。

85. 车辆维护分为哪几级？

车辆维护分为日常维护、一级维护和二级维护。

86. 车辆日常维护，实行"十字作业"的内容是什么？

十字作业的内容是：清洁、润滑、紧固、调整、防腐。

87. "三勤"指的是哪些内容？

三勤是指：勤检查、勤保养、勤维护。

88. 日常维护的作业项目有哪些？

车辆日常维护是驾驶员必须完成的日常性工作，其作业项目主要是：

（1）坚持出车前、行车中和收车后，检视车辆的安全机构及各部件连接紧固情况；

（2）保持空气滤清器、机油、燃油滤清器和蓄电池的清洁；

（3）防止漏水、漏油、漏气和漏电；

（4）保持车容整洁。

89. 汽车在出车前应进行哪些日常维护工作？

（1）清洁汽车外表；检查门窗玻璃、刮水器、室内镜、后视镜、门锁与车窗升降器等是否齐全有效；

（2）检查散热器水量、曲轴箱内机油量、制动液压油量、燃料箱内燃油储量、蓄电池内电解液量是否符合要求；并检查上述盖是否齐全有效；

（3）检查行车证件、牌照、喇叭、灯光是否齐全、工作有效、安装牢靠；

（4）检查转向机构等连接部位是否有松旷，安装是否牢固可靠；

（5）检查轮胎气压，并清除胎间及胎纹间杂物、小石子；

（6）启动发动机，查看仪表工作是否正常，检查发动机有无异响；

（7）检查有无漏水、漏油、漏气、漏电现象。

90. 什么是定期维护？

指按技术文件规定的运行间隔期实施的汽车维护。

91. 车辆定期保养的重要性有哪些？

（1）保持车辆原始技术状况；

（2）延长车辆使用寿命；

（3）保持车辆行驶稳定性。

92. 什么是季节性维护？

为保证汽车在冬季、夏季的合理使用，在春、秋季转换之前，结合定期维护，增加一些相应的维护项目，使汽车适应气候变化后的运行条件，这种维护称为季节性维护。

93. 车辆坚持"三检查"是指的是哪三检？

出车前、行驶中、收车后对车辆进行检查。

94. 汽车行驶途中，检查维护作业的内容是什么？

（1）检视汽车发动机和底盘工作是否正常，各种仪表工作是否有效、正常；

（2）检查转向系统、驻车制动器、行车制动器、离合器的工作是否可靠；

（3）检查轮胎气压，清除轮胎上的夹杂物，轮胎安装紧固；

（4）检查有无漏水、漏油、漏气现象；

（5）检查拖挂装置是否安全可靠。

95. 汽车收车后检查维护作业的内容是什么？

（1）清理全车内外部卫生；

（2）检查和补充燃油、机油、冷却水，按规定对润滑点进行加注润滑油（脂）；

（3）对气压式制动车辆，应勤放、放净储气筒内的积水、油污。对液压制动车辆，应检查、添加制动液，液面达到规定标准；

（4）检查、配齐随车工具和附件；

（5）严寒季节，如果发动机未加防冻液，应将发动机、散热器的冷却水放净。将蓄电池拆下放入暖室。

二、HSE 知识

（一）名词解释

1. HSE：HSE 管理体系指的是健康（Health）、安全

（Safety）和环境（Environment）三位一体的管理体系。责任制是HSE管理体系的核心。把HSE方针、目标分解到企业的基层单位，把识别危害、削减风险的措施、责任逐级落实到岗位人员，真正使HSE管理体系从上到下地规范运作，体现"全员参加、控制风险、持续改进、确保绩效"的工作要求。中国石油天然气集团公司实施HSE管理体系采取了"HSE作业指导书""HSE作业计划书"和"HSE检查表"（简称"两书一表"）的整套做法。"两书一表"的基础是HSE风险管理，"两书一表"的关键是落实责任，"两书一表"的作用是推动持续改进。

2. **三交一封**：交通管理中节假日交车辆钥匙、交行车证、交准驾证，定点封存车辆。

3. **三违行为**：违章指挥，违章作业，违反劳动纪律。

4. **安全生产三同时**：生产经营单位新建、改建、扩建工程项目的安全设施，必须与主体工程同时设计、同时施工、同时投入生产和使用。

5. **三不伤害**：不伤害自己、不伤害他人、不被他人伤害。

6. **三不动火**：无合格的火票不动火、安全措施不落实不动火、监火人不在场不动火。

7. **三停四查**："三停"即通过险路桥前停车观察路况、通过城市前停车整理车容车况、遇有行车安全障碍的停车排除事故隐患；"四查"即途中停车检查车辆轮胎气压是否正常、检查车辆转向、制动等部位是否灵敏安全可靠，检查车辆指示信号是否有效，检查货物是否捆绑牢固。发现问题，应及时整改。

8. **三级安全教育**：厂级安全教育、车间级安全教育、班组级安全教育。

9. **四不放过**：事故原因未查清不放过；责任人未受到处理不放过；整改措施未落实不放过；有关人员未受到教育不放过。

10. **四个来源**：安全源于设计、源于责任心、源于质量、源于防范。

11. **四全监督管理原则**：全员、全过程、全方位、全天候的安全管理和监督。

12. **五项落实**：事故隐患整改实行防范措施、责任、人员、资金和时间五个关键要素落实。

13. **六大禁令**：严禁特种作业无有效操作证人员上岗操作；严禁违反操作规程操作；严禁无票证从事危险作业；严禁脱岗、睡岗和酒后上岗；严禁违反规定运输民爆物品、放射源和危险化学品；严禁违章指挥、强令他人违章作业。

14. **冬季八防**：防火、防爆、防井喷、防油气泄漏、防交通事故、防滑、防坍塌、防冻凝。

15. **十字方针**：平稳、均衡、效率、受控、协调。

16. **十防**：防油气火灾爆炸、防触电、防雷击、防高空坠落、防淹溺、防中毒中暑、防倒塌、防重大人身伤亡交通事故、防井喷、泄漏污染。

17. **安全隐患**：指生产经营单位违反安全生产法律、法规、规章、标准、规程、安全生产管理制度的规定，或者其他因素在生产经营活动中存在的可能导致不安全事件或事故发生的不安全状态、人的不安全行为和管理上的缺陷。从性质上分为一般安全隐患和重大安全隐患。

18. **特种设备**：涉及生命安全、危险性较大的锅炉、压力容器（含气瓶）、压力管道、电梯、起重机械、客运索道、大型游乐设施和场（厂）内专用机动车辆。

19. **非常规作业**：临时性的、缺乏程序规定的作业活动，包括：动火作业、高处作业、管线打开、受限空间作业、临时用电、挖掘施工、大型设备吊装等。

20. **作业许可**：对在生产或施工作业区域内工作程序或操作规程未涵盖的非常规作业，事前开展作业危害辨识，提出作业申请，验证作业安全措施，并最终获得作业批准的一个过程。

21. **启动前安全检查**：在工艺设备启动前对所有相关因素进行检查确认，并将所有必改项整改完成，批准启动的过程。

22. **上锁/挂牌**：当设备或工具在保养或清洁时，动力被切断并且设备或工具不能移动，所有的能源（电、液压、气压等）关闭。目的为确保在机器旁工作时无人受伤。上锁即要确保一旦设备关闭能源，设备就保持在安全状态。上锁有助于预防人员不慎开动设备造成伤害或死亡。

23. **分散控制系统（DCS）**：一种控制功能分散、操作显示集中、采用分级结构的计算机控制系统，其目的在于监控及管理一个生产过程或一个工厂。

24. **紧急关断系统（ESD）**：当生产过程出现紧急情况时，在允许的时间内做出响应，及时发出联锁保护信号，对现场设备进行有效保护。

25. **火灾与可燃/有毒气体检测报警及消防控制系统（F&G/FGS）**：简称为火—气系统。对生产区内火灾、气体泄漏或其他重大事件进行手动/自动检测报警，根据报警所在区域和报警级别，联锁关断部分或全部工艺流程，并完成对场内消防设施（泡沫灭火系统、消防冷却水系统）的控制。

26. **安全仪表系统（SIS）**：基于生产过程的安全目的而配置的测控仪表及控制系统。

27. **数据采集与监控系统（SCADA）**：对气田所属站场、气体处理厂的工艺参数进行监视、控制和数据采集，使全气田进行统一的生产运行管理。

28. **逃生通道**：是指发生火灾的时候供人员逃生用的通道。平时不许堵塞，有应急照明灯和消防指示灯。

29. **应急预案**：指面对突发事件如自然灾害、重特大事故、环境公害及人为破坏的应急管理、指挥、救援计划等。它一般应建立在综合防灾规划上。其几大重要子系统为：完善的应急组织管理指挥系统；强有力的应急工程救援保障体系；综合协调、应付自如的相互支持系统；充分备灾的保障供应体系；体现综合救援的应急队伍等。

30. **风险评估**：指在风险事件发生之前或之后（但还没有结束），该事件给人们的生活、生命、财产等各个方面造成的影响和损失的可能性进行量化评估的工作。即，风险评估就是量化测评某一事件或事物带来的影响或损失的可能程度。

31. **"五交底"**：是指工程及施工作业前，在施工作业现场对施工作业项目进行工程（施工）方案、关联工艺、环境风险、应急措施和安全制度等五个方面进行交底（概括为：施工方案交底、关联工艺交底、环境风险交底、应急措施交底、安全制度交底）。

32. **"五型班组"**：安全型、健康型、环保型、学习型、节能型。

33. **"四无班组"**：无事故、无隐患、无违章、无污染。

34. **"三不"安全准则**：不能接受任何危及安全的情

形、不能容忍任何违反规定的行为、不能容许任何不符实事报告。

35. "三严"安全要求：执行标准严格、安全管理严肃、纪律惩处严厉。

36. 国家安全方针：安全第一、预防为主，综合治理。

37. 集团公司安全环保工作的"一个理念"：以人为本，安全第一，环保优先。

38. 集团公司安全环保工作的"三个观念"：（1）以人为本抓安全；（2）一切事故都是可以控制和避免的；（3）安全源于责任、源于设计、源于质量、源于防范（四个源于）。

39. 四懂三会：四懂：懂设备结构、懂设备性能、懂设备工作原理、懂设备用途。三会：会操作使用、会维护保养、会排除故障。

（二）问答

1. "五会"是什么？

（1）岗位职责要会：就是本岗位干什么，对哪些工作负责。要求必须熟记本岗位的职责。需要特别注意的是：根据"直线管理、属地责任"的要求，必须有安全责任，符合《油气储运分公司安全生产责任制》（油新储运〔2008〕106号），至少应增加一条"负责所辖管理业务和属地的安全环保工作"。

（2）操作规程要会：掌握如何干的问题。对操作岗位而言，是指操作规程（作业指导书）；对管理岗位而言，主要是落实管理职责遵循的法规、标准、管理制度（文件）。要求掌握管理制度的名称和文件编号，手里有文本（至少能迅速找到)。

(3) 岗位风险要会：是指履行岗位职责可能存在的风险。实际包括两方面：一是自身的风险，对机关工作人员而言，主要风险是交通伤害、机械（电梯）伤害、摔伤、碰伤、火灾、中毒、触电等；二是负责的专业管理业务风险，此部分比较复杂，建议有风险清单。

(4) 防范措施要会：是指预防事故发生的措施。一方面是防止自身风险。例如，交通事故的防范措施：严格控制车速、系好安全带、注意道路和天气情况、遵守交通安全法规等。二是专业管理业务风险，此部分比较复杂，建议有风险控制清单。

(5) 应急预案要会：是指事故发生怎么处理的问题。对机关工作人员而言，当自身发生事故时，就是如何进行现场处置的问题。例如，办公室发生火灾事故，需要掌握火警电话、报警知识、消防器材使用和向办公楼主管报告等应急措施。二是专业管理业务风险，此部分比较复杂，需要掌握：公司的应急体系的基本框架、基本的应急程序。

2. HSE 九项原则是什么？

(1) 任何决策必须优先考虑健康安全环境；

(2) 安全是聘用的必要条件；

(3) 企业必须对员工进行健康安全环境培训；

(4) 各级管理者对业务范围内的健康安全环境工作负责；

(5) 各级管理者必须亲自参加健康安全环境审核；

(6) 员工必须参与岗位危害识别及风险控制；

(7) 事故隐患必须及时整改；

(8) 所有事故事件必须及时报告、分析和处理；

(9) 承包商管理执行统一的健康安全环境标准。

3. 重大危险源是什么？

长期或者临时的生产、搬运、使用或储存危险物质，且危险物质的数量不低于临界量的单元，以及其他存在危险能量不低于临界量的单元；单元指一个（套）生产装置、设施或场所，或同属一个工厂的且边缘距离小于500m的几个（套）生产装置、设施或场所；临界量指对于某种或某类危险物质规定的数量。

4. 危险与可操作性分析（HAZOP）是什么？

是以系统工程为基础的一种可用于定性分析或定量评价的危险性评价方法，用于探明生产装置和工艺过程中的危险及其原因，寻求必要对策。通过分析生产运行过程中工艺状态参数的变动，操作控制中可能出现的偏差，以及这些变动与偏差对系统的影响及可能导致的后果，找出出现变动和偏差的原因，明确装置或系统内及生产过程中存在的主要危险、危害因素，并针对变动与偏差的后果提出应采取的措施。

5. 安全文化是什么？

是安全理念、安全意识以及在其指导下的各项行为的总称，主要包括安全观念、行为安全、系统安全、工艺安全等。

安全文化主要适用于高技术含量、高风险操作型企业，在能源、电力、化工等行业内重要性尤为突出。所有的事故都是可以防止的，所有安全操作隐患是可以控制的。安全文化的核心是以人为本，这就需要将安全责任落实到企业全员的具体工作中，通过培育员工共同认可的安全价值观和安全行为规范，在企业内部营造自我约束、自主管理和团队管理的安全文化氛围，最终实现持续改善安全业绩、建立安全生产长效机制的目标。

6. 目视化管理是什么？

是利用形象直观而又色彩适宜的各种视觉感知信息来组织现场生产活动，达到提高劳动生产率的一种管理手段，也是一种利用视觉来进行管理的科学方法。

目视化管理是一种以公开化和视觉显示为特征的管理方式。综合运用管理学、生理学、心理学、社会学等多学科的研究成果。

目视管理的目的：以视觉信号为基本手段，以公开化为基本原则，尽可能地将管理者的要求和意图让大家都看得见，借以推动看得见的管理、自主管理、自我控制。

7. HSE 需求性岗位培训是什么？

是根据岗位要求所应具备的 HSE 相关知识、技能而为在岗员工安排的培训活动。其目的是提高在岗员工的 HSE 知识和意识，强化在岗员工的 HSE 技能。

HSE 需求性岗位培训的特点是针对性、实用性强，干什么学什么，缺什么补什么；培训环境与工作环境一致，使员工进入角色；就地取材，便于操作；培训对象已具备一定 HSE 理论知识和技能，因此员工之间可以相互交流经验和体会。

8. 应急管理是什么？

是指政府及其他公共机构在突发事件的事前预防、事发应对、事中处置和善后管理过程中，通过建立必要的应对机制，采取一系列必要措施，保障公众生命财产安全；促进社会和谐健康发展的有关活动。事故应急管理的内涵，包括预防、预备、响应和恢复四个阶段。

9. 应急救援是什么？

一般是指针对突发、具有破坏力的紧急事件采取预防、预备、响应和恢复的活动与计划。应急救援的特点：迅速、准确、有效。

应急救援的基本任务：立即组织营救受害人员，组织撤离或者采取其他措施保护危险危害区域的其他人员；迅速控制事态，并对事故造成的危险、危害进行监测、检测，测定事故的危害区域、危害性质及维护程度；消除危害后果，做好现场恢复；查明事故原因，评估危害程度。

三、法律法规

（一）名词解释

1. 道路：是指公路、城市道路和虽在单位管辖范围但允许社会机动车通行的地方，包括广场、公共停车场等用于公众通行的场所。

2. 国道：具有全国性政治、经济意义的主要干线公路，包括重要的国际公路、国防公路，连接首都与各省、自治区、直辖市首府的公路，连接各大经济中心、港站枢纽、商品生产基地和战略要地的公路。

3. 省道：在省公路网中，具有全省性的政治、经济、国防意义，并经确定定义为省级干线的公路，简称省道。省道又称省级干线公路。在省公路网中，具有全省性的政治、经济、国防意义，并经省、市、自治区统一规划确定为省级干线公路。

4. **县道**：是指具有县、县级市的政治、经济意义的主线干道，连接县城和县内主要乡（镇）等主要地方。

5. **乡道**：即为乡镇道路，一般宽度大约为5m，主要为乡村生产、生活服务并经确定为乡级的公路。

6. **高速公路**：高速公路，简称高速路，是指专供汽车高速行驶的公路。

7. **一级公路**：是中国公路等级中的一种类型，位居高速公路、二级公路之间，广泛用于主干线路的建设。

8. **快速路**：是指双向行车道、中央设有分隔带、进出口全部采用立体交叉控制，为城市中大量、长距离和快速交通服务。

9. **主干路**：是城市道路网的骨架，是连接城市各主要分区的交通干道，是城市内部的主要大动脉。

10. **次干路**：是配合主干路组成城市干道网，起联系各部分和集散交通的作用，并兼有服务的功能。

11. **支路**：是次干路与街坊路的连接线，解决地区交通，以服务功能为主。

12. **交通性道路**：以满足机动交通运输的要求为主要功能，承担城市主要的交通流量及与对外交通的联系，特点为车速大、车辆多，道路两侧要求避免布置吸引大量人流的公共建筑。

13. **生活性道路**：以满足城市生活性交通要求为主要功能，主要为城市居民购物、社交、游憩等活动服务，以非机动交通为主，道路两侧多布置人流较多的公共建筑及居住建筑，要求有较好的公共交通服务条件。

14. **设计车速**：道路几何设计所采用的车速。是在气候条件良好，车辆行驶只受道路本身的条件影响时，具有中等驾驶技术人员能安全、舒适驾驶车辆的速度。同一条道路上的设计车速应该一致，以使车辆行驶平稳。也称为计算行车速度。

15. 行驶速度 / 运行车速：指车辆在某一路段上的行驶距离除以车辆在该路段上的行驶时间之和（不包括行驶过程中因交通受阻而耽误的时间），也称为运行车速。

16. 全程车速：也称为综合车速、区间车速、行程车速、间距平均车速。指某一路线从起点到终点的距离（全程距离）除以车辆行经全程所需要的时间（包括行驶过程中因交通受阻而耽误的时间）。

17. 路缘石：路面边缘与其他结构物分界处的标石。

18. 路肩：指的是位于车行道外缘至路基边缘，具有一定宽度的带状部分（包括硬路肩与保护性路肩），为保持车行道的功能和临时停车使用，并作为路面的横向支撑。

19. 街沟（偏沟）：又称为边沟，指城市道路路面边缘处，由立缘石与平石或铺装路面形成的侧沟。

20. 交通岛：为控制车辆行驶方向和保障行人安全，在车道之间设置的高出路面的岛状设施。包括安全岛、中心岛、导流岛。

21. 安全岛：是一种安装在斑马线上的安全装置，与斑马线长度相当，两端还各竖有一根"反光警示桩"，夜间在车灯的照耀下会发出亮光，以提醒驾驶员注意避让。

22. 中心岛：设置在平面交叉口中央的圆形或椭圆形的交通岛，主要起交通渠化、导流作用。

23. 导向岛（方向岛）：为把车流导向指定行进路线而设置的交通岛。

24. 附加车道：车道上局部路段增辟专供某种需要使用

的车道。包括：错车道、爬坡车道、加减速车道、紧急停车带、避险车道。

25. **错车道**：在单车道道路上，可通视的一定距离内，供车辆交错避让用的一段加宽车道。设置错车道路段的路基宽度不应小于 6.5m，有效长度应不小于 20m。

26. **爬坡车道**：设置在高速公路的上坡路段，供慢速上坡车辆行驶用的车道，宽度应为 3.5m。

27. **加减速车道**：供车辆驶入高速车流之前加速用的车道和供车辆驶离高速车流后减速用的车道，两者合称为变速车道，宽度为 3.5m 或 3.75m。

28. **紧急停车带**：在高速公路和一级公路上，供车辆临时发生故障或其他原因紧急停车使用的临时停车地带。宽度为 3.5m，间距不大于 500m。

29. **避险车带**：连续长陡下坡路段设置的附加车道，一般宽度不小于 4.5m。

30. **分车带**：多幅路横断面范围内，沿道路纵向设置的带状非行车部分。分为中间分车带和两侧分车带。分车带由分隔带和两侧路缘带组成。

31. **分隔带**：沿道路纵向设置的分隔车行道用的带状设施。位于道路中线位置的称为中央分隔带，位于道路中心线两侧的称为外侧分隔带。有固定式分隔带和活动式分隔带两种类型。

32. **会车视距**：两对向行驶的车辆在同一车道上相互见到，而又来不及错让时必须双方采取制动刹车所需要的最短安全距离。

33. **停车视距**：指车辆在同一车道上行驶，突然遇到前方障碍物，而必须及时制动、停车所需要的安全距离。

34. **行车视距**：在道路设计中，为了行车安全，应保证驾驶人员在一定距离内能随时看到前面的道路和道路上出现的障碍物；或迎面驶来的其他车辆，以便能及时采取制动刹车措施，或绕越障碍物前进。这个必不可少的最短距离，称为安全行车视距或安全视距。

35. **超车视距**：在双车道道路上，后车超越前车时，从开始驶离原车道起至可见对向来车并能超车后安全驶回原车道所需要的最短距离。

36. **辅路**：是指集散快速路交通的道路，设置于快速路两侧或一侧，单向或双向行驶交通。

37. **盲道**：在人行道上铺设一种固定形态的地面砖，使视残者产生不同的脚感，借助盲杖触及，诱导他们向前行走和辨别方向以到达目的地的通道。

38. **路基**：地面上按路线的平面位置和纵坡要求开挖或堆填成一定断面形状的土质或石质结构物，它是道路这一线形构筑物的主体，又是路面的基础。

39. **城市道路**：城市中组织生产、安排生活所必需的车辆、行人交通往来的道路，是连接城市各个组成部分并与郊区公路相贯通的交通纽带。

40. **车辆满载系数**：实际载客量/额定载客量。

41. **中线偏移**：将原有车行道中线向出口端适当偏移约3.0m，以形成一条左转车专用道。

42. **路脊线**：路拱顶点（分水点）的连线，路脊线位置的选定合理与否将直接影响道路的排水、行车和立面观瞻。

43. **路内停车场**：指占用城市道路两边指定的地段停放机动车，以作为公众临时性停放车辆的场地。其优点是与道路系统结合紧密，设置方便、灵活，设备简单；弊端是占用大量的道路，车流受阻。

44. 城市货运：指市区内部的货运，包括城市中的货物由一地运到另一地的运输，运进或运出城市的货物在市区各地与对外交通运输枢纽之间的运输。

45. 交通：人和物的流动，采用一定的方式，在一定的设施条件下，完成一定的运输任务，包括航空、水运、铁路和道路上的交通。

46. 交通法规：指道路利用者在交通中所必须遵守的法律、法令、规则、细则和条例的总称。

47. 城市综合交通：存在于城市中及与城市有关的各种交通形式。

48. 城市对外交通：指城市与其他城市间的交通，及城市地域范围内的城区与周围城镇、乡村间的交通。

49. 城市交通：指城市道路上的交通，分为货运交通和客运交通。

50. 城市公共交通：指使用公共交通工具的城市客运交通。

51. 道路交通规划：指经过调查分析、预测未来的道路交通需求，规划道路网络，并加以实施和修正的全过程。道路交通规划通常包括：城市道路交通规划和区域公路网规划。

52. 出行：指交通元（人、货、车）从出发地到目的地移动的全过程。

53. 境内出行：起讫点都在调查区范围之内的出行。

54. 过境出行：起讫点都在调查区范围之外的出行。

55. 境内外出行：起讫点一个在调查区范围之内，另一个在调查区之外的出行。

56. 区内出行：起讫点都在同一个分区内的出行。

57. 区间出行：起讫点分别在两个不同分区的出行。

（二）问答

1. 描述图中交警手势代表的含义是什么？

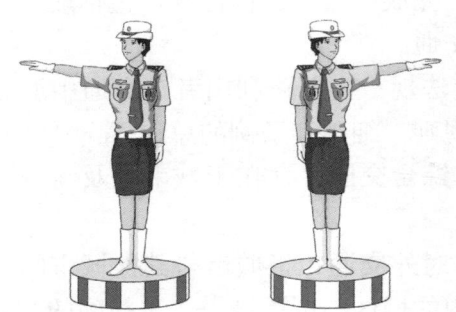

（1）直行信号：示意准许右（左）方直行的车辆通行。

动作：右臂向右平伸与身体成 90°（左臂向左平伸与身体成 90°）掌心向前，五指并拢，面部及目光同时转向左（右）方 45°。

(2) 直行信号：示意准许右方直行的车辆通行。

动作：右大臂不动，右小臂水平向右摆动与身体成90°，掌心向左，五指并拢；右臂水平向左摆动与身体成90°，小臂弯曲至与大臂成90°，掌心向内与左胸衣兜相对，小臂与前胸平行，面部及目光同时转向左方45°。

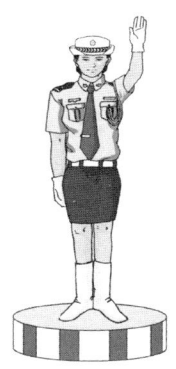

(3) 停止信号：示意不准前方车辆通行。

动作：左臂由前向上直伸与身体成135°，掌心向前与身体平行，五指并拢，面部及目光平视前方。左臂垂直放下，恢复立正姿势。

（4）停止信号：示意靠边停车。

动作：面向来车方向，右臂前伸与身体成45°，掌心向左，五指并拢，面部及目光平视前方。左臂由前向上直伸与身体成135°，掌心向前与身体平行，五指并拢。右臂向左水平摆动与身体成45°。

（5）左转弯信号：示意准许车辆左转弯，在不妨碍被放行车辆通行的情况下可以掉头。

动作：右臂向前平伸与身体成90°，掌心向前手掌与手臂夹角不低于60°，五指并拢，面部及目光同时转向左方45°。

（6）右转弯信号：示意准许右方的车辆右转弯；在不妨碍被放行车辆通行的情况下可以掉头。

动作：左臂向前平伸与身体成90°，掌心向前，手掌与手臂夹角不低于60°，五指并拢，面部及目光同时转向右方45°；右臂与手掌平直向左前方摆动，手臂与身体成45°，手掌向左，中指尖至上衣中缝，高度至上衣最下一个纽扣；右臂回位至不超过裤缝，面部及目光保持目视右方45°，完成摆动。

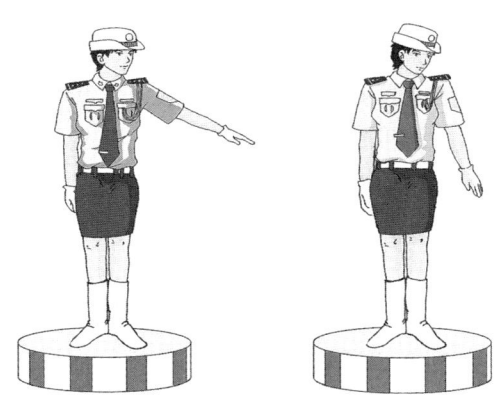

（7）左转弯待转信号：示意准许左方左转弯的车辆进入路口，沿左转弯行驶方向靠近路口中心，等候左转弯信号。

动作：左臂向左平伸与身体成45°，掌心向下，五指并拢，面部及目光同时转向左方45°；左臂与手掌平直向下方摆动，手臂与身体成15°，面部及目光保持目视左方45°，完成摆动。

（8）车辆靠边停车信号：示意车辆靠边停车。

动作：面向来车方向，右臂前伸与身体成45°，掌心向左，五指并拢，面部及目光平视前方；如加上左臂由前向上直伸与身体成135°，掌心向前与身体平行，五指并拢，右臂向左水平摆动与身体成45°，摆动，则是责令违章车停车。

（9）减速慢行信号：示意车辆减速慢行。

动作：右臂向右前方平伸，与肩平行，与身体成135°，掌心向下，五指并拢，面部及目光同时转向右方45°；右臂与手掌平直向下方摆动，手臂与身体成45°，面部及目光保持目视右方45°，完成摆动。

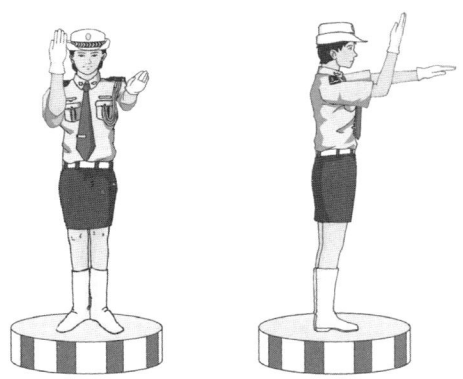

（10）前车避让后车信号：示意前车避让后车。

动作：右手手指指向前方，掌心向上，小臂向上向后来回摆置垂直90°；左手手臂向前伸直，手心向下，手背向后抬至45°。

2. 图解2022年10月1日实施新版道路交通标志表示含义？

（1）交通事故管理标志：专用荧光粉红色底板，警告前方有事故。

（2）电动自行车行驶和专用车道标志：表示仅供电动自行车行驶。

（3）禁止电动自行车进入标志。

（4）注意电动自行车标志：提醒注意电动车出现。

（5）小型客车车道标志：表示仅供小型客车通行。

（6）非机动车推行标志：设在天桥等禁止骑行路段。

（7）有轨电车专用车道标志：表示仅供有轨电车通行。

(8) 开车灯标志：设在隧道等路段前方。

(9) 带荧光黄绿边框的人行横道标志：进一步提高斑马线上的安全性。

(10) 非机动车与行人通行标志：表示仅供非机动车与行人通行。

（11）硬路肩允许行驶标志：表示该路段硬路肩允许车辆通行。

（12）带文字说明的单行路标志，极大提高单行路标志的辨识度。

（13）充电站识别标志、充电停车位标志：表示仅允许电动汽车充电时停放。

（14）靠右侧车道行驶标志：表示除必要超车行为外应靠右行驶，应加辅助标志说明车型。

（15）货车通行标志：表示货车应在该道路上行驶；其他车辆也可在该道路上行驶。

（16）注意积水标志：设在下穿道路等易积水路段。

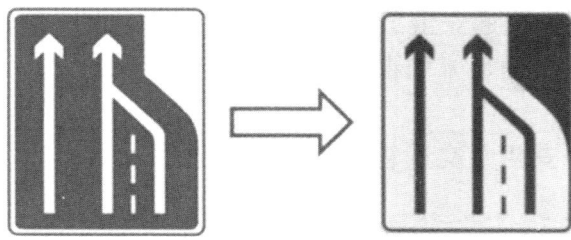

（17）注意车道数变少标志，由指路标志调整为警告标志。

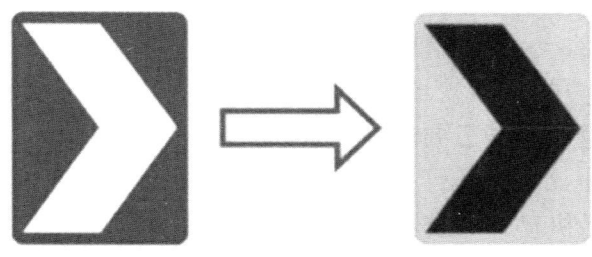

（18）线形诱导标志：由指路标志调整为警告标志。

（19）前方车道控制的告示标志。

3. 什么是安全原则？

一切车辆和行人在通行时必须坚持安全第一的思想，遇有不安全因素出现时，不得通行。

4. 道路交通安全工作，应当遵循什么原则？

依法管理、方便群众的原则，保障道路交通有序、安全、畅通。

5. 公安机关交通管理部门在哪些情况下可以实行交通管制？

遇有自然灾害、恶劣气候条件或者重大交通事故等严重影响交通安全的情形，采取其他措施难以保证交通安全时，可以实行交通管制。

6.《道路交通安全法》中的"道路"指什么？

公路、城市道路和虽在单位管辖范围但允许社会机动车通行的地方，包括广场、公共停车场等用于公众通行的场所。

7. 道路交通三要素是什么？

一是人（包括行人、乘车人、骑车人、驾车人），二是车（包括机动车、非机动车），三是路（包括公路、城镇街道、胡同、里巷）。

8. 道路交通安全法的立法目的和立法宗旨是什么？

为了维护道路交通秩序，预防和减少交通事故，保护人身安全，保护公民、法人和其他组织的财产安全及其他合法权益，提高通行效率。

9.《道路交通安全法》的适用范围是什么？

《道路交通安全法》第二条规定"中华人民共和国境内的车辆驾驶人、行人、乘车人以及与道路交通活动有关的单位和个人，都应当遵守本法"。

10. 国家对机动车实行什么制度？

登记制度。

11. 哪个部门有权收缴、扣留机动车驾驶证？

公安机关交通管理部门以外的任何单位或者个人，不得收缴、扣留机动车驾驶证。

12. 机动车驾驶人初次申领机动车的实习期是如何计算的？

申领机动车驾驶证后的 12 个月为实习期。

13. 机动车驾驶人的义务是什么？

机动车驾驶人应当遵守道路交通安全法律、法规的规定，按照操作规范安全驾驶、文明驾驶。

14. 哪些人不得驾驶机动车？

饮酒、服用国家管制的精神药品或麻醉药品，或者患有妨碍安全驾驶机动车的疾病，或者过度疲劳影响安全驾驶的人。

任何人不得强迫、指使、纵容驾驶人违反道路交通安全法律、法规和机动车安全驾驶要求驾驶机动车。

15. 驾驶机动车不得有哪些行为？

（1）在车门、车厢没有关好时行车；

（2）在机动车驾驶室的前后窗范围内悬挂、放置妨碍驾驶人视线的物品；

（3）拨打接听手持电话、观看电视等妨碍安全驾驶的行为；

（4）下陡坡时熄火或者空挡滑行；

（5）向道路上抛撒物品；

（6）驾驶摩托车手离车把或者在车把上悬挂物品；

（7）连续驾驶机动车超过 4h 未停车休息或者停车休息时间少于 20min；

（8）在禁止鸣喇叭的区域或者路段鸣喇叭。

16. 不良驾驶习惯有哪些？

（1）为了能看到很远的地方，所以一直使用远光灯；

（2）变更车道或将要转弯时才打亮转向灯；

（3）左转时不注意后方来车；

（4）错过转弯处强行变更车道；

（5）前面还是红灯时就一点一点地向前移动；

（6）信号灯变为黄色时加速通过；

（7）频繁变换车道；

（8）在转弯处轧中央车线或外侧车线；

（9）与前车距离太近。

17. 公安机关交通管理部门对机动车驾驶人违反道路交通安全法律、法规的行为，除依法给予行政处罚外，实行什么记分制度？

累积记分制度。

18. 机动车驾驶员有哪些行为一次记12分？

（1）驾驶与准驾车型不符的机动车的；

（2）饮酒后或者醉酒后驾驶机动车的；

（3）驾驶公路客运车辆载人超过核定人数20%以上的；

（4）造成交通事故后逃逸，尚不构成犯罪的；

（5）上道路行驶的机动车未悬挂机动车号牌的，或者故意遮挡、污损、不按规定安装机动车号牌的；

（6）使用伪造、变造机动车号牌、行驶证、驾驶证或者使用其他机动车号牌、行驶证的；

（7）在高速公路上倒车、逆行、穿越中央分隔带掉头的。

（8）驾驶营运客车在高速公路车道内停车的；

（9）驾驶中型以上载客载货汽车、校车、危险物品运输车辆在高速公路、城市快速路上行驶超过规定时速20%以上或者在高速公路、城市快速路以外的道路上行驶超过规定时速50%以上，以及驾驶其他机动车行驶超过规定时速

50%以上的;

（10）连续驾驶中型以上载客汽车、危险物品运输车辆超 4h 未停车休息或者停车休息时间少于 20min 的;

（11）未取得校车驾驶资格驾驶校车的。

19. 交通信号灯由哪些灯组成？分别表示什么意思？

交通信号灯由红灯、绿灯、黄灯组成。红灯表示禁止通行，绿灯表示准许通行，黄灯表示警示。

20. 闪光警告信号灯为持续闪烁的黄灯，表示什么？

提示车辆、行人通行时注意瞭望，确认安全后通过。

21. 机动车通过没有交通信号灯控制也没有交通警察指挥的交叉路口，应当遵守哪些规定？

（1）机动车进入路口，应提前减速;

（2）准备进入环形路口的让已在路口内的机动车先行;

（3）向左转弯时，靠路口中心点左侧转弯，转弯时开启转向灯，夜间行驶开启近光灯;

（4）有交通标志、标线控制的，让优先通行的一方先行;

（5）没有交通标志、标线控制的，在进入路口前停车瞭望，让右方道路的来车先行;

（6）转弯的机动车让直行的车辆先行;

（7）相对方向行驶的右转弯的机动车让左转弯的车辆先行。

22. 机动车通过没有交通信号灯控制也没有交通警察指挥的交叉路口，相对方向行驶的右转弯和左转弯的机动车，哪方车辆应该让行？

右转车辆让左转车辆先行。

23. 执行紧急任务的特种车辆在确保安全的前提下，有哪些特殊通行权？

不受行驶路线、行驶方向、行驶速度和信号灯的限制，其他车辆和行人应当让行。

24. 洒水车、清扫车作业时，在不影响其他车辆通行的情况下，有何特殊通行权？

不受车辆分道行驶的限制，但是不得逆向行驶。

25. 车辆起步应注意什么？

（1）察看车辆周围有无障碍；

（2）仪表是否工作正常；

（3）后方有无车辆超越；

（4）乘客是否坐好，货物是否牢固安全；

（5）查明情况后，开左转弯灯、低速、鸣号、起步。

26. 哪些情况下同向车道行驶的机动车不得超车？

（1）前车正在左转弯、掉头、超车的；

（2）与对面来车有会车可能的；

（3）前车为执行紧急任务的警车、消防车、救护车、工程救险车的；

（4）行经铁路道口、交叉路口、窄桥、弯道陡坡、隧道、人行横道、市区交通流量大的路段等没有超车条件的。

27. 车辆超车必须遵守哪些规定？

（1）超车前，须开左转弯灯、鸣号（禁鸣区例外），夜晚用远近灯光示意，确认安全后，从被超车的左边超越，同被超车保持必要距离后，开右转弯灯，驶回原车道；

（2）被超车示意左转弯、调头时，不准超车；

（3）在超车过程中，与对面来车有会车可能时，不准超车；

（4）不准超正在超越的车辆；

（5）交叉路口、人行横道、漫水路、桥或《条例》三十六条规定情况不准超车。

28. 机动车在什么情况下不准掉头？

在有禁止掉头或者禁止左转弯标志、标线的地点以及在铁路道口、人行横道、桥梁、急弯、陡坡、隧道或者容易发生危险的路段不得掉头。

29. 机动车行驶中遇有前方车辆停车排队或者行驶缓慢时应遵守哪些规定？

不得借道超车或者占用对面车道，不得穿插等候的车辆，应当依次排队，交替通行。

30. 机动车在道路行驶时遇有前方交通阻塞时怎么做？

（1）机动车遇有前方交叉路口交通阻塞时，应当依次停在路口以外等候，不得进入路口；

（2）机动车在遇有前方机动车停车排队等候或者缓慢行驶时，应当依次排队，不得从前方车辆两侧穿插或者超越行驶，不得在人行横道、网状线区域内停车等候；

（3）机动车在车道减少的路口、路段，遇有前方机动车停车排队等候或者缓慢行驶的，应当每车道一辆依次交替驶入车道减少后的路口、路段。

31. 机动车在道路上临时停车，应当遵守哪些规定？

（1）在设有禁停标志、标线的路段，在机动车道与非机动车道、人行道之间设有隔离设施的路段以及人行横道、施工地段，严禁停车；

（2）交叉路口、铁路道口、急弯路、宽度不足4m的窄路、桥梁、陡坡、隧道以及距离上述地点50m以内的路段，严禁停车；

（3）公共汽车站、急救站、加油站、消防栓或者消防队（站）门前以及距离上述地点30m以内的路段，除使用上述设施的以外，严禁停车；

（4）车辆在停稳前不得开车门和上下人员，开关车门不得妨碍其他车辆和行人通行；

（5）路边停车应当紧靠道路右侧，机动车驾驶人不得离车，上下人员或者装卸物品后，立即驶离；

（6）城市公共汽车不得在站点以外的路段停车上下乘客。

32. 非机动车在道路上应如何行驶？

应当在非机动车道上行驶；在没有非机动车道的道路上应当靠车行道的右侧行驶。

33. 在没有划分机动车道、非机动车道、人行道的道路上，这些交通元素如何通行？

机动车在道路中间通行，非机动车和行人在道路两侧通行。

34. 在没有交通信号的道路上，车辆、行人应在什么原则下通行？

应当在确保安全、畅通的原则下通行。

35. 哪些机动车应当在车身或者车厢后部喷涂放大的牌号？

重型、中型载货汽车及其挂车、拖拉机及其挂车。

36. 故意遮挡、污损号牌行为有哪些？

（1）机动车号牌被布块、纸张、有机玻璃、薄膜、CD、赛车牌等遮挡；

（2）机动车号牌被保险杠、梯子扶手、备用轮胎或车厢本身遮挡；

（3）机动车号牌表面，被油污、泥土、灰尘、漆画、粘胶等物品覆盖，导致无法识别；

（4）长期使用自然磨损等原因造成号牌老化、掉色、断裂、被硬物刮损。

37. 机动车在道路上发生故障，需要停车排除故障时，驾驶人应当怎么做？

驾驶人应当立即开启危险报警闪光灯，将机动车移至不妨碍交通的地方停放；难以移动的，应当持续开启危险报警闪光灯，并在来车方向设置警告标志等措施扩大示警距离，必要时迅速报警。

38. 牵引故障机动车应当遵守哪些规定？

（1）被牵引的机动车除驾驶人外不得载人，不得拖带挂车；

（2）被牵引的机动车宽度不得大于牵引机动车的宽度；

（3）使用软连接牵引装置时，牵引车与被牵引车之间的距离应当大于4m、小于10m；

（4）对制动失效的被牵引车，应当使用硬连接牵引装置牵引；

（5）牵引车和被牵引车均应当开启危险报警闪光灯。

39. 机动车行驶中遇有下列情形之一的，最高行驶速度不得超过每小时30km，其中拖拉机、电瓶车、轮式专用机械车不得超过每小时15km？

（1）进出非机动车道，通过铁路道口、急弯路、窄路、窄桥时；

（2）掉头、转弯、下陡坡时；

（3）遇雾、雨、雪、沙尘、冰雹，能见度在50m以内时；

（4）在冰雪、泥泞的道路上行驶时；

（5）牵引发生故障的机动车时。

40. 电动自行车在非机动车道内行驶时，最高时速不得超过多少公里？

15km/h。

41.《道路交通安全法》对行人的通行有何规定？

行人应当在人行道内行走，没有人行道的靠路边行走。

42. 乘车人除遵守《道条》规定外，还须遵守哪些规定？

（1）不准实施影响驾驶员正常操作的行为；

（2）不准向车外抛投物品。

43. 行人通过路口、横穿道路如何行走？

行人通过路口或者横过道路，应当走人行横道或者过街设施；通过有交通信号灯的人行横道，应当按照交通信号灯指示通行；通过没有交通信号灯、人行横道的路口，或者在没有过街设施的路段横过道路，应当在确认安全后通过。

44. 机动车行经人行横道时，应当减速行驶；遇行人正在通过人行横道，应当怎么做？

停车让行。

45. 机动车在高速公路上行驶，不得有哪些行为？

（1）倒车、逆行、穿越中央分隔带掉头或者在车道内停车；

（2）在匝道、加速车道或者减速车道上超车；

（3）骑、轧车行道分界线或者在路肩上行驶；

（4）非紧急情况时在应急车道行驶或者停车；

（5）试车或者学习驾驶机动车。

46. 什么情况下占用应急车道不会被罚？

机动车在高速公路行驶时，非紧急情况不得在应急车道行驶或者停车。所谓紧急情况有两种：一是机动车发生交通事故或者故障确需停车等待救援时，可以在应急车道内临时停放；二是供警车、消防车、救护车、工程救险车在执行紧急任务时使用。

47. 机动车在高速公路上行驶，遇有雾、雨、雪、沙尘、冰雹等低能见度气象条件时，应当遵守哪些规定？

（1）能见度小于200m时，开启雾灯、近光灯、示廓灯和前后位灯，车速不得超过每小时60km，与同车道前车保持100m以上的距离；

（2）能见度小于100m时，开启雾灯、近光灯、示廓灯、前后位灯和危险报警闪光灯，车速不得超过每小时40km，与同车道前车保持50m以上的距离；

（3）能见度小于50m时，开启雾灯、近光灯、示廓灯、前后位灯和危险报警闪光灯，车速不得超过每小时20km，并从最近的出口尽快驶离高速公路。

48. 雾天行车安全注意事项有哪些？

（1）行车中不能盲目过快，保持足够的行驶距离；

（2）打开雾灯以明示目标；

（3）打开暖风吹风挡玻璃防止水汽凝结；

（4）如需停车，应打开雾灯和双闪灯，紧靠路边停车；在车尾30m以外放置明显标志；最重要的是，人要离开公路尽量远一些，千万不要再坐在车上。

49. 雪地驾驶有哪些使用注意事项？

（1）在雪地长时间行车，应戴有色眼镜，以防造成眩目而影响行车安全。

(2) 气压制动的车辆，应预防储气筒控制阀和制动管路中结冰而致使制动失效。

(3) 结冰山路上行车，必须安装防滑链。通过结冰路段后，应及时拆除，以免损坏路面和轮胎。在有积雪的坡道上行驶，应提前换入低速挡，加速时不可过急，中途避免换挡。

(4) 傍山险路降雪结冰后，应根据冰雪厚度、坡道大小、弯道急缓及路面宽窄等情况，决定能否通过，必要时停车勘察，不可盲目冒险行驶。

(5) 在冰雪路面较长时间停车时，应选择适当地点，可在轮胎下垫以木板、树条或柴草等物。

(6) 驱动轮为双轮胎的车辆，若途中驱动轮的轮胎损坏，不可用单胎继续行驶，以防附着面积不一致而造成滑溜。

(7) 在弯路、坡道及河谷等危险地段行驶时，更应注意选择好行驶路线。路况稍有可疑应立即停车，待查看清楚，确认安全后再继续行驶。

50. 对道路交通安全违法行为的处罚种类有哪些？

警告、罚款、暂扣或吊销机动车驾驶证、拘留。

51. 行人、乘车人、非机动车驾驶人违反道路交通安全法律、法规关于道路通行规定的如何处罚？

警告或者五元以上五十元以下罚款。

52. 道路交通安全法规定的特种车辆是哪几种？

共4种：警车、消防车、救护车、工程救险车。

53. 机动车定期进行安全技术检验应当提供哪些凭证？

机动车行驶证和机动车第三者责任强制保险单。

54. 疲劳驾驶的危害有哪些？

长时间驾驶机动车、长途行车前睡眠不好或患妨碍安全驾驶机动车的疾病时开车易引发疲劳，驾驶人疲劳时，会出现视线模糊、腰酸背疼、动作呆板、手脚发胀或有精力不集中、反应迟钝、思考不周全、精神涣散、焦虑、急躁等现象。

55. 驾驶期间缓解疲劳驾驶的方法有哪些？

（1）用清凉空气或冷水刺激面部；

（2）喝一杯热茶或热咖啡或吃、喝一些酸或辣的刺激食物；

（3）停车，到驾驶室外活动肢体，呼吸新鲜空气，进行刺激，促使精神兴奋；

（4）收听轻音乐或将音量适当调大，促使精神兴奋；

（5）做弯腰动作，进行深呼吸，使大脑尽快得到氧气和血液补充，促使大脑兴奋；

（6）用双手以适当的力度拍打头部，疏通头部经络和血管，加快人体气血循环，促进新陈代谢和大脑兴奋。

以上方法只能是暂时地缓解疲劳驾驶，不能从根本上解除疲劳，唯有睡眠才是缓解疲劳和恢复清醒最可靠、最有效的方法。

56. 超速行驶的主要危害有哪些？

（1）车辆操纵性和稳定性变坏；

（2）安全可靠性降低；

（3）冲击破坏性大，一旦发生事故，即多为恶性事故；

（4）易造成车辆与部分零部件损坏；

（5）超速行车时，驾驶员心情紧张，心理和生理能量大，容易疲劳；

（6）驾驶员会对相对速度的增加估计不足而造成措施过迟；

(7) 驾驶员操作的及时性和准确性受到影响。

57. 2022 年超速罚款标准是什么？

(1) 时速超过限定时速不到 10% 的，给予警告。

(2) 在限速为 50km/h 以下的道路，时速超过限定时速 10% 以上不到 20% 的，处 50 元罚款；超过限定时速 20% 以上不到 50% 的，处 100 元罚款；超过限定时速 50% 以上不到 70% 的，处 300 元罚款；超过限定时速 70% 的，处 500 元罚款。

(3) 在限速为 50km/h 以上 80km/h 以下的道路，时速超过限定时速 10% 以上不到 20% 的，处 100 元罚款；超过限定时速 20% 以上不到 50% 的，处 150 元罚款；超过限定时速 50% 以上不到 70% 的，处 500 元罚款；超过限定时速 70% 的，处 1000 元罚款。

(4) 限速为 80km/h 以上 100km/h 以下的道路，时速超过限定时速 10% 以上不到 20% 的，处 150 元罚款；超过限定时速 20% 以上不到 50% 的，处 200 元罚款；超过限定时速 50% 以上不到 70% 的，处 1000 元罚款；超过限定时速 70% 的，处 1500 元罚款。

(5) 在限速为 100km/h 以上的道路，时速超过限定时速 10% 以上不到 50% 的，处 200 元罚款；超过限定时速 50% 以上不到 70% 的，处 1500 元罚款；超过限定时速 70% 以上的，处 2000 元罚款。

58. 2022 年超速记分 3 分情况有哪些？

(1) 驾驶中型以上载客载货汽车、危险物品运输车辆在高速公路、城市快速路以外的道路上行驶超过规定时速未达 20% 的；

(2) 驾驶其他机动车行驶超过规定时速未达 20% 的。

59. 2022年超速记分6分情况有哪些？

（1）驾驶中型以上载客载货汽车、校车、危险物品运输车辆在高速公路、城市快速路上行驶超过规定时速未达20%的；

（2）驾驶中型以上载客载货汽车、校车、危险物品运输车辆在高速公路、城市快速路以外的道路上行驶超过规定时速20%以上未达到50%的；

（3）驾驶其他机动车行驶超过规定时速20%以上未达到50%的。

60. 2022年超速记分12分情况有哪些？

（1）驾驶中型以上载客载货汽车、校车、危险物品运输车辆在高速公路、城市快速路上行驶超过规定时速未达20%的；

（2）驾驶中型以上载客载货汽车、校车、危险物品运输车辆在高速公路、城市快速路以外的道路上行驶超过规定时速20%以上未达到50%的；

（3）驾驶其他机动车行驶超过规定时速20%以上未达到50%的。

61. 医疗机构对交通事故中的受伤人员应当履行哪些义务？

及时抢救，不得因抢救费用未及时支付而拖延救治。

62. 饮酒后对驾驶车辆的影响有哪些？

（1）触觉、视觉能力下降：反应迟钝，无法正常操控加速踏板、制动踏板以及方向盘。不能发现和正确领会交通信号、标志和标线，视野变窄，辨色力减弱，看不清外界情况。

（2）判断能力和驾驶操作能力下降，驾驶员无法正确判断车速和车间距离。

(3) 意识障碍：精神恍惚，注意力和记忆力变差，情绪不稳定，往往不能控制自己的操作行为。

63. 2022年饮酒驾车处罚标准是什么？

(1) 饮酒后驾驶机动车的，处1000元以上2000元以下罚款并扣驾照6个月，因饮酒后驾驶机动车被处罚，再次饮酒后驾驶机动车的，处10日以下拘留，并处1000元以上2000元以下罚款，吊销机动车驾驶证。

(2) 饮酒后驾驶营运机动车的，处15日拘留，并处5000元罚款，吊销机动车驾驶证，5年内不得重新取得机动车驾驶证。

(3) 醉酒驾驶机动车的，由公安机关交通管理部门约束至酒醒，吊销机动车驾驶证，依法追究刑事责任；5年内不得重新取得机动车驾驶证。

(4) 醉酒驾驶营运机动车的，由公安机关交通管理部门约束至酒醒，吊销机动车驾驶证，依法追究刑事责任；10年内不得重新取得机动车驾驶证，重新取得机动车驾驶证后，不得驾驶营运机动车。

饮酒后或者醉酒驾驶机动车发生重大交通事故，终生不得重新取得机动车驾驶证。

64. 2022年醉酒驾车处罚标准是什么？

(1) 醉酒驾驶机动车的，由公安机关交通管理部门约束至酒醒，吊销机动车驾驶证，依法追究刑事责任；5年内不得重新取得机动车驾驶证。

(2) 醉酒驾驶营运机动车的，由公安机关交通管理部门约束至酒醒，吊销机动车驾驶证，依法追究刑事责任；10年内不得重新取得机动车驾驶证，重新取得机动车驾驶证后，不得驾驶营运机动车。

饮酒后或者醉酒驾驶机动车发生重大交通事故，终生不得重新取得机动车驾驶证。

65. 依据《大庆油田有限责任公司交通安全管理办法》遇有哪些行为的，对行为人处以 3000 元罚款？

（1）饮酒后驾驶机动车辆的；
（2）擅自将车辆转借或交由他人驾驶的；
（3）拒绝、阻挠交通管理人员检查或检查逃逸的；
（4）装载危险化学品的车辆未按规定行驶或停放的；
（5）无准驾驶证驾驶车辆的；
（6）未按规定使用油田公司车辆自编号或不完整的。

66. 依据《大庆油田有限责任公司交通安全管理办法》遇有哪些行为的，对行为人处以 2000 元罚款？

（1）不符合车辆上路行驶条件而上路行驶的；
（2）驾驶员或乘车人未按规定使用安全带的；
（3）不随车携带准驾证、行驶证、行车路单、长途行驶令的；
（4）违章驾驶员不参加学习班的；
（5）驾驶车辆与准驾证车型不符的；
（6）车辆行驶超过规定时速 50% 的。

67. 依据《大庆油田有限责任公司交通安全管理办法》职业驾驶员办理准驾证的，应至少同时符合哪些条件？

（1）从事驾驶员岗位需要的；
（2）持有效机动车驾驶证的；
（3）无妨碍安全驾驶疾病的；
（4）经所在单位安全管理部门审核同意的。

68. 依据《大庆油田有限责任公司交通安全管理办法》外聘驾驶员办理准驾证的，应至少同时具备哪些条件？

（1）持有效居民身份证和机动车驾驶证，驾龄5年以上的；

（2）聘用单位与外聘驾驶员已签订合法有效的安全责任协议的；

（3）聘用单位人事部门同意，并经安全管理部门考核合格的。

69. 依据《大庆油田有限责任公司交通安全管理办法》有哪些情况的，不予办理准驾证？

（1）患有妨碍安全驾驶疾病的；

（2）已离开工作岗位的；

（3）所在单位认为不适合驾驶车辆的；

（4）不再驾驶油田公司所属车辆的；

（5）发生过酒后驾驶车辆违法行为的；

（6）发生一般A级交通事故，负同等责任以上或发生一般A级以上级别交通事故的；

（7）1年内违法违章被通报达到2次的；

（8）其他严重违法违章行为的；

（9）被注销准驾证的驾驶员1年内不得再次申请办理准驾证。

70. 依据《大庆油田有限责任公司交通安全管理办法》遇有哪些情况的，驾驶员应拒绝驾驶车辆？

（1）装载物品不符合装载规定的；

（2）车辆超员的；

（3）车辆存在故障和安全隐患的；

（4）工作疲劳、身体不适或正患妨碍安全驾驶疾病的；

（5）其他违法违章驾驶指令的。

71. 依据《大庆油田有限责任公司交通安全管理办法》遇有哪些行为的，对行为人处以 1000 元罚款？

（1）驾车时吸烟、饮食、接打手机的；

（2）未按规定执行"三交一封"制度或未及时填写"三交一封"记录的；

（3）不避让执行任务的警车、消防车、工程救险车、救护车的；

（4）车辆行驶超过规定时速但不足 50% 的；

其他违反道路交通安全法律、法规的行为的。

72. 什么是"交通事故"？

是指车辆在道路上因过错或者意外，造成的人身伤亡或者财产损失的事件。

73. 什么是责任事故？

在交通事故中负有过失责任的为责任事故，分为全部责任、主要责任、同等责任、次要责任。

74. 发生交通事故的主要原因是什么？

自觉遵守道路交通安全法的思想意识比较薄弱，不能与交通发展的要求相适应。行人随意横穿道路，驾驶员故意违法行为，是发生交通事故的主要原因。

75. 行车事故主要有哪几个方面的原因造成？

驾驶员直接责任是交通事故的主要原因，包括疏忽大意、违章驾驶、驾驶技术不良等；交通条件不好，包括道路、气候条件、混合交通、信号标志及环境等；车辆技术故障，主要包括制动和转向系统发生故障；行人或其他车辆违反交通安全法与实施条例。

76. 摩托车（电动车）的行驶特点有哪些？

速度快、拐弯急、稳定性差、安全距离小，稍有不慎就会与车辆、行人刮碰。

77. 农用拖拉机的行驶特点有哪些？

（1）农用拖拉机带挂车行驶，行驶稳定性较差；

（2）噪声比较大，影响驾驶；

（3）驾驶员有的无驾驶证、任意抢道、超速行驶、客货混载、超载、忽视交通安全的现象比较普遍；

（4）车况差，安全设施不全等。

78. 最易引发交通事故的道路条件有哪些？

（1）平面交叉路口；

（2）急转弯路；

（3）窄路窄桥；

（4）郊区道路；

（5）弯道超车。

79. 最容易发生交通事故的情况有哪些？

（1）外出途中事故少，返回途中事故多；

（2）险路行车出事少，宽敞路面事故多；

（3）恶劣气候出事多，大事故城区少，郊区多；

（4）跑私车事故多；

（5）直行事故少，转弯、路口、超车事故多。

80. 发生道路交通事故后，车辆驾驶人应如何处理？

（1）交通事故发生后，车辆驾驶人应当立即停车，保护现场；

（2）造成人员伤亡的，车辆驾驶人应当抢救受伤人员，并迅速报告执勤的交通警察或者公安机关交通管理部门；在抢救过程中，需要变动现场的，应当标明位置；

（3）在道路上发生交通事故，未造成人员伤亡，当事人对事实及成因无争议的，可以即行撤离现场，恢复交通，自行协商处理损害赔偿事宜；不即行撤离现场的，应当迅速报告执勤的交通警察或者公安机关交通管理部门；

（4）在道路上发生交通事故，仅造成轻微财产损失，并且基本事实清楚的，当事人应当先撤离现场再进行协商处理。

81. 如何预防交通事故？

能否保证行车安全的决定因素是驾驶员，实践证明，要想预防交通事故开好安全车，必须做到以下几点：一是树立全心全意为人民服务的思想，时刻重视交通安全，把人民的利益放在高于一切的地位。二是自觉、模范地遵守道路交通安全法与事实条例，以及有关法令。三是服从交通警察和道路交通管理人员的指挥和管理，树立良好的驾驶作风。四是努力研究业务，不断提高技术水平，摸索安全行车规律，积极预防交通事故。五是爱护车辆，坚持车辆的检查维护制度，使车辆经常保持完好状态，不带病行驶。树立良好的职业道德，提高服务质量，保证行车安全。六是认真学习"防御性驾驶技术"，在驾驶车辆时做到："放眼远方、预估风险、时刻扫描、提醒注意、留有余地"减少避免交通事故的发生。

82. 什么是"交通肇事逃逸"？

交通肇事逃逸是指发生道路交通事故后，道路交通事故当事人为逃避法律追究，驾驶车辆或者遗弃车辆逃离道路交通事故现场的行为。

83. 车辆发生交通事故后逃逸的，事故现场目击人员和其他知情人员应当怎么做？

向公安机关交通管理部门或者交通警察举报。

第三部分
基本技能

 操作技能

（一）机动车直角倒车侧向移库训练

1. 图形

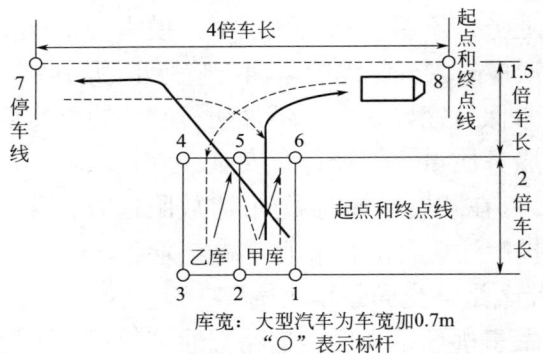

库宽：大型汽车为车宽加0.7m
"○"表示标杆

2. 尺寸

（1）起点：距甲库外边线 1.5 倍车长；

（2）路宽：车长的 1.5 倍；

（3）库长：车长的 2 倍；

（4）库宽：大中型机动车为车宽加 70cm，小机动车为车宽加 60cm。

3. 操作要求

（1）必须穿戴好劳保用品；

（2）采用单车进行，从起点倒车入乙库停正，然后两进两退移位到甲库停正，前进穿过乙库至路上，倒入甲库停正，前进返回起点；

（3）安全文明驾驶。

4. 训练目的

（1）对机动车前、后、左、右空间位置的判断能力；

（2）对机动车基本驾驶技能的掌握情况；

（3）直角倒车侧向移库是机动车驾驶员的一项基本操作技能，通过该项目可考核机动车驾驶员的移库驾驶基本功与驾驶操作的控车技巧，从中能衡量机动车驾驶员的基本驾驶操作技能和小范围内移动车辆的操作技术水平。

（二）机动车限时公路调头训练

1. 图形

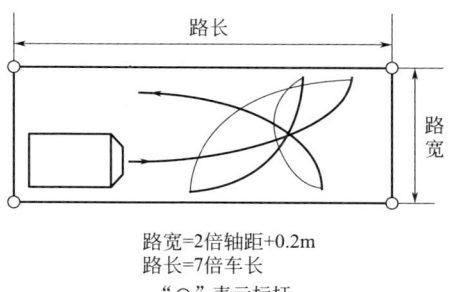

路宽=2倍轴距+0.2m
路长=7倍车长
"○"表示标杆

2. 操作要求

（1）必须穿戴好劳保用品；

(2) 车辆行驶至掉头路段靠右停车；不超过 3 进、2 退，将车辆掉头；

(3) 时间不超过 2min；

(4) 窄路掉头时，由于各车轮与路边线距离不相等，所以，判断时应以先接近路边线的车轮为准；

(5) 在每次前进或后倒接近停车前的一瞬间，应迅速地朝着预定的方向回转转向盘，为接着要进行的后倒或前进做好转向准备，使每次前进或后倒完成的转向角度更大一些；

(6) 安全文明驾驶。

3. 训练目的

限时公路调头是驾驶操作中一项常规驾驶技能，主要检验机动车驾驶员在公路上，对汽车轴距、转向轮的准确定位与判断的能力，通过该项目可检测机动车驾驶员的驾驶操作技能和心智配合技能实际能力，以及应用驾驶基本技能解决实际驾驶操作中复杂情况。

（三）机动车单"S"形路线行驶训练

1. 图形

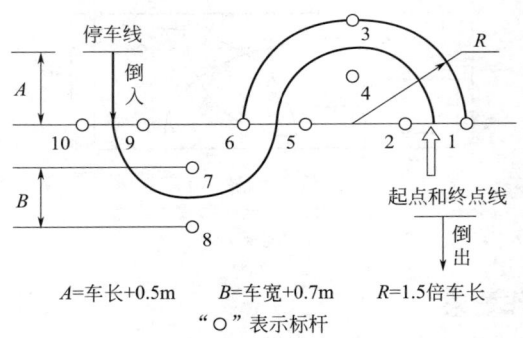

A=车长+0.5m　　B=车宽+0.7m　　R=1.5倍车长
"〇"表示标杆

2. 操作要求

（1）必须穿戴好劳保用品；

（2）要求用一挡起步，二挡（含二挡）以上挡位车速通过，车轮轨迹不得碰、擦路障，并且不得超、压两侧路边缘线；

（3）车辆正进驾驶到停车线，停稳车辆后，倒车再次驶入"S"形场地（正进倒出）；

（4）安全文明驾驶。

3. 训练目的

单"S"形路线驾驶是机动车驾驶操作中常见的一种基本操作技能，通过该项目可对机动车驾驶员的车辆控制基本功和驾驶配合能力，能够检验机动车驾驶员的驾驶操作技能和驾驶配合技术水平，考核驾驶人方向的运用与对车轮轨迹执行的掌握。

（四）机动车转弯上桥定点停车训练

1. 图形

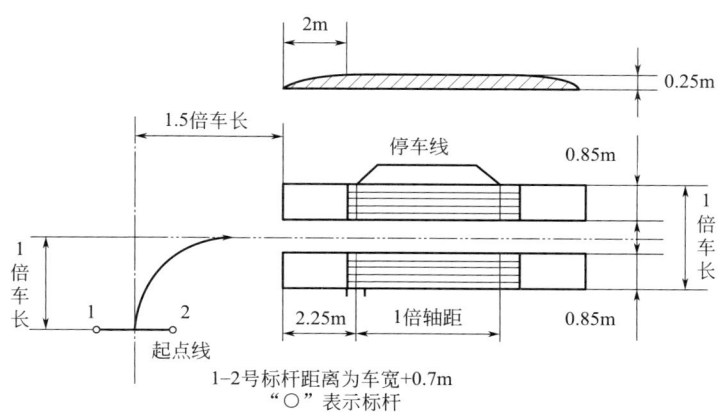

2. 操作要求

（1）必须穿戴好劳保用品；

（2）一般是左侧两轮先通过单边桥，这时候右侧两轮子在地上，通过后，右侧两轮子上单边桥，左侧两轮在地上；顺序反过来也可以；也就是要上两次单边桥，中间有一段距离，要能准确无误地完成两次才行；

（3）安全文明驾驶。

3. 训练目的

主要考察的是机动车驾驶人对车辆车轮位置及行驶轨迹的掌握程度。在实际驾驶过程中，车轮的位置和轨迹是很难掌握的，需要进行长时间的联系。考核机动车驾驶人准确运用转向、正确判断车轮直线行驶轨迹、操纵车辆不平行运行的能力。

（五）机动车"8"字形路线驾驶训练

1. 图形

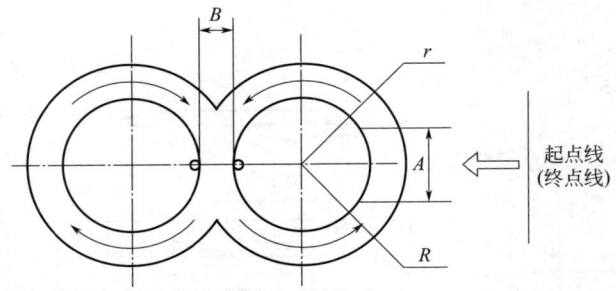

r=2倍车长−车宽−1.0m；R=2倍车长；A=4倍车宽；B=车宽+0.6m；"〇"表示标杆

2. 操作要求

（1）必须穿戴好劳保用品；

（2）要求除小型车用一挡外，其他车型驾驶用二挡（含二挡）以上挡位车速通过，车轮轨迹不得碰、擦障碍，并且不得超、压两侧路边缘线；

（3）安全文明驾驶。

3. 训练目的

"8"字形路线驾驶是机动车驾驶员的一项非常规操作技能，通过该项目能够检测考核机动车驾驶员的驾驶操作基本功和行车路线变换判断能力，能锻炼驾驶员连续弯道对车辆控制精准度，能够提升驾驶员对驾驶操作技能和车辆控制技术水平。

（六）机动车蛇形曲线驾驶训练

1. 图形

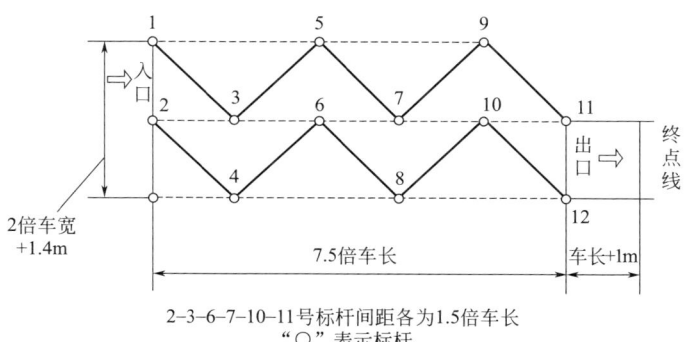

2. 操作要求

（1）必须穿戴好劳保用品；

（2）驾驶车辆起步、行车、停车平稳；

（3）操作过程中车速均匀，转向柔和，行驶轨迹圆顺；

(4) 换挡及时、配合协调，正确使用离合器；

(5) 操作过程中不准使用半离合；

(6) 安全文明驾驶。

3. 训练目的

蛇形曲线驾驶是汽车驾驶员的一项非常规操作技能，通过该项目能够检测考核机动车驾驶员的驾驶操作基本功和行车路线变换判断能力，能锻炼驾驶员连续弯道对车辆控制精准度，能够提升驾驶员对驾驶操作技能和车辆控制技术水平，通过连续障碍时，对各车轮行驶轨迹和内轮差位置的判断能力。

（七）机动车直角调头训练

1. 图形

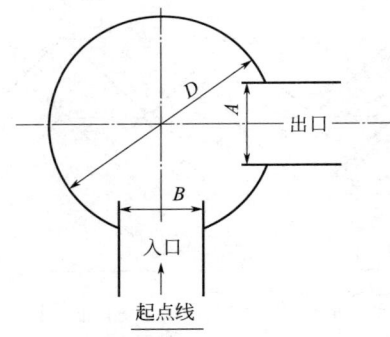

$A(B)$=车宽+0.6m，D=1.8倍车距

2. 操作要求

（1）必须穿戴好劳保用品；

（2）按照规定的路线范围驾驶机动车（由入口处进入圆形场地，经三进两退完成直角调头，再从出口处驶出，车辆

行驶在圆圈内,前后轮胎不准越线);

(3) 过程中不得使用半联动控制车速;

(4) 安全文明操作。

3. 训练目的

考核驾驶人在急角转弯路段能迅速运用方向并对车辆内外轮差距进行正确判断。

(八) 车辆出库并进行调头入库训练

1. 图形

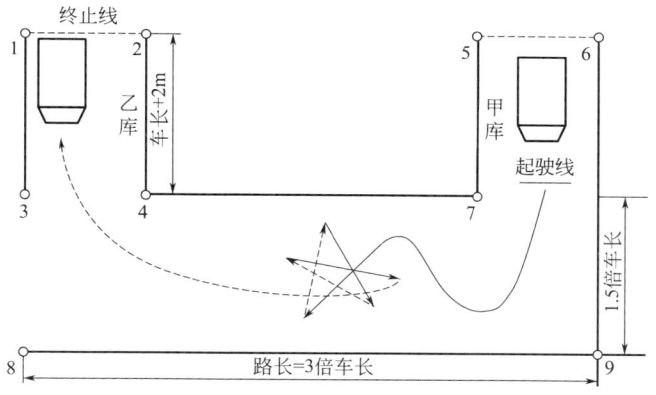

库宽:小型汽车为车宽加0.6m,大型汽车为车宽加0.7m
"○"表示标杆

2. 操作要求

(1) 必须穿戴好劳保用品;

(2) 启动车辆出库;

(3) 场地调头;

(4) 行驶中发动机不得熄火;

(5) 安全文明驾驶。

3. 训练目的

驾驶员的一项综合操作技能，通过该项目可考核选手的移库驾驶基本功与驾驶操作的控车技巧，从中能测量选手的基本驾驶操作技能和小范围内移动车辆的操作技术水平。

（九）机动车侧向移库驾驶训练

1. 图形

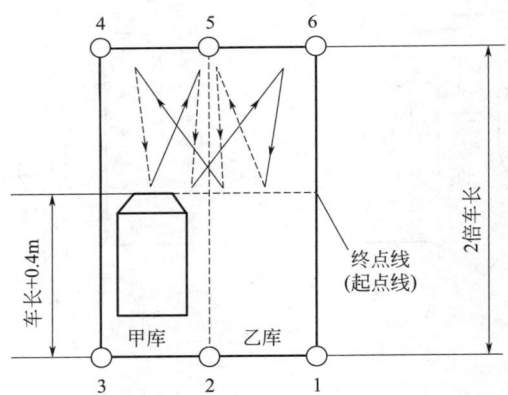

库宽：小型汽车为车宽加0.6m，大型汽车为车宽加0.7m
"○"表示标杆

2. 操作要求

（1）必须穿戴好劳保用品；

（2）车辆经二进二退从甲库移入乙库；

（3）侧向移库中，驾驶员头、手不许伸出窗外，不许使用半联动或原地打方向，不许擦标、碰杆、压线、越线；

（4）行驶中发动机不得熄火；

（5）安全文明驾驶。

3. 训练目的

驾驶员的一项综合操作技能,通过该项目可考核机动车驾驶员的移库驾驶基本功与驾驶操作的控车技巧,从中能测量机动车驾驶员的基本驾驶操作技能和小范围内移动车辆的操作技术水平。

(十)侧方位停车训练

1. 图形

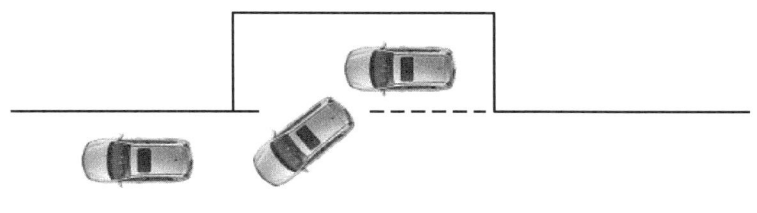

2. 尺寸

车库长:车的长度乘 1.5 倍再加 1m;

车库宽:车的宽度(不含倒车镜)加 0.8m;

车道宽:车的宽度乘 1.5 倍加 0.8m。

3. 操作要求

(1) 必须穿戴好劳保用品;

(2) 用低速按规定的线路行驶,驾驶人驾驶车辆在车轮不压碰车道边线、库位边线的情况下,一次不停车完成,将整车移入右侧停车位中;

(3) 车辆入库停止后,车身出线的;

(4) 行驶中发动机不得熄火,轮胎触轧车道边线;

(5) 安全文明驾驶。

4. 训练目的

使机动车驾驶人能够掌握将车辆停入道路右侧车位（库）的技能和对车体前后空间距离感觉判断，以适应日常驾驶生活中临时停车的需要。

（十一）机动车单边桥训练

1. 图形

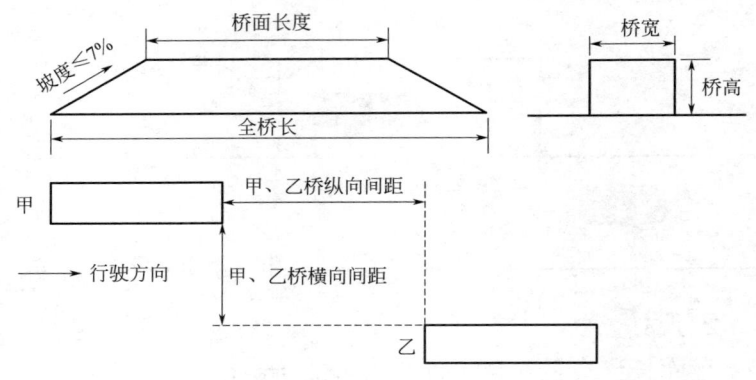

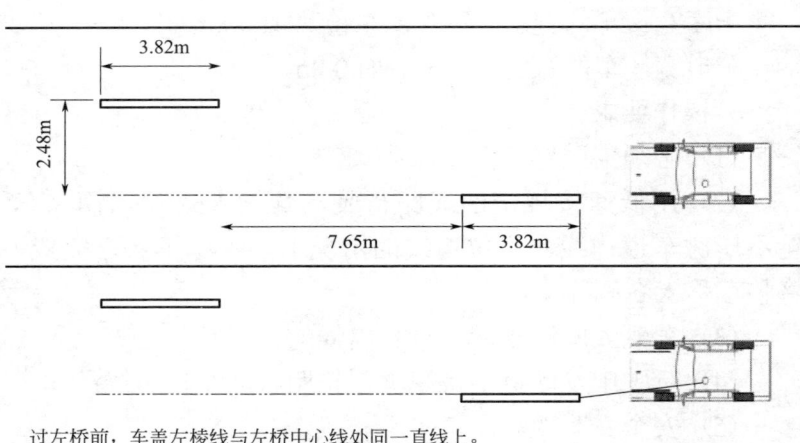

过左桥前，车盖左棱线与左桥中心线处同一直线上。

2. 尺寸

（1）桥宽：20cm；

（2）桥高：不大于车辆最小离地间隙，摩托车桥高为 5cm，小型汽车桥高为 8cm，其他汽车桥高为 12cm；

（3）甲乙桥横向间距：车辆轮距加 1m；

（4）甲乙桥纵向间距：牵引车挂车为 2 倍轴距，小型车辆为 3 倍轴距，其他车辆为 2.5 倍轴距；

（5）桥面长度：1.5 倍车辆轴距；

（6）坡度：不大于 7%。单边桥宽 20cm；桥高小于车辆最小离地间隙，通常小型车辆桥高 8cm，其他车辆桥高 12cm；前后两座桥之间长度是车辆前后轮距离加 1m；桥面长度等于车辆轴距的 1.5 倍，坡度小于 7% 的枕状突起。

3. 操作要求

（1）必须穿戴好劳保用品。

（2）一般是左侧两轮先通过单边桥，这时候右侧两个轮子在地上，通过后，右侧两个轮子上单边桥，左侧两轮在地上。顺序反过来也可以。也就是要上两次单边桥，中间有一段距离，要能准确无误地完成两次才行。

（3）机动车驾驶人按规定的行驶方向，正确操纵转向，将汽车的左、右侧前后车轮依次平稳、顺畅地驶过甲、乙两桥；三轮汽车、三轮摩托车用左、右后轮依次平稳、顺畅地驶过甲、乙两桥。

（4）安全文明驾驶。

4. 训练目的

主要锻炼的是机动车驾驶人对车辆车轮位置及行驶轨迹的掌握程度。在实际驾驶过程中，车轮的位置和轨迹是很难掌握的，需要进行长时间的联系。考核机动车驾驶人准确运用转向、正确判断车轮直线行驶轨迹、操纵车辆不平行运行的能力。

（十二）机动车限宽门通过训练

1. 场景

2. 尺寸

路宽大于等于 7m，门宽等于车宽加 0.7m，共设定连续三个限宽门，三门之间各相距 3 倍车长，1、3 门设定于同一水平位置，2 门与 1、3 门交错一个车宽位置。

3. 操作要求

（1）必须穿戴好劳保用品；

（2）驾驶人应驾驶车辆将车速控制在不低于每小时20km，将车辆从三门之间穿越，不得碰擦门悬杆；

（3）安全文明驾驶。

4. 训练目的

机动车驾驶人在一定车速下，对车身位置的正确判断能力。

（十三）拖拽故障车辆救援训练

1. 训练目的

拖车是预防临时突发情况的一种有效率的方法，熟练使用拖车技巧可以减少因为故障耽误的时间，同时也可以减少额外的危险。

2. 操作说明

（1）必须穿戴好劳保用品。

（2）拖车钩位置。

由于车身设计和保险杠造型的不同，拖车环的位置、固定方式和使用方法也有所区别，拖车环可以分为外露式和隐藏式两大类。

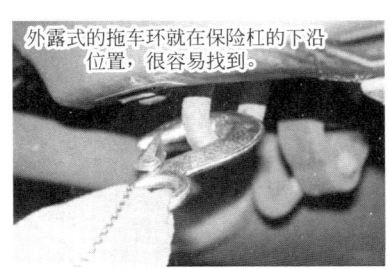

外露式的拖车环就在保险杠的下沿位置，很容易找到。

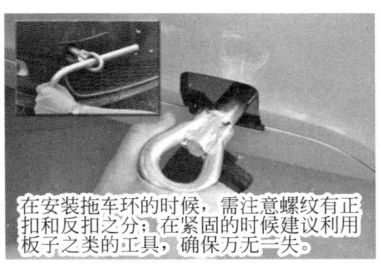

在安装拖车环的时候，需注意螺纹有正扣和反扣之分；在紧固的时候建议利用板子之类的工具，确保万无一失。

（3）拖车绳上的钩子尺寸和紧固方式也不同，所以要根据自己车上的拖车环的种类来挑选拖车绳。

注意：拖车绳上要挂东西。

在拖车绳上要有提示作用的小旗子或者其他东西，避免由于拖车绳受力过大而断裂，并且断裂的拖车绳会由于弹性而飞回来打伤周围的人或者车辆。

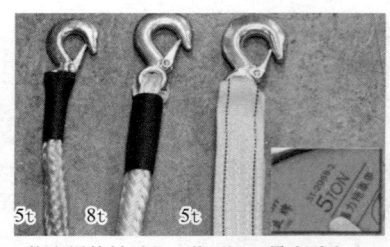

拖车绳的材质和工艺不同,最大受力也不一样,一定要根据自己的车重和使用需求来选购。

在强度比较大的拖车救援时,必须在拖车绳中央搭一个软质的物品,衣服或者脚垫都是常用的方法。

(4)拖车。

前后车之间的沟通:可利用灯光和喇叭来进行交流,闪远光灯和喇叭分别代表什么意思,用一个双方都达成共识的信号。另外,建议让两车中驾驶经验较丰富的去驾驶被拖的车辆,因为被拖车的操作难度要高于前车。

前后车辆驾驶员的交流是必须的,如果没有电台和对讲机,在拖车前一定要商量好路线和车辆情况。

转弯的时候前车要考虑后车的路线!不要拐角度太小的弯,给后车留出余量。另外速度不要超过20km/h。

(5)驾驶操作。

拖车的时候,前车起步和停车都要以"缓慢、平稳"为原则。起步要使用1挡,手动挡车型慢慢抬离合器使车辆向前缓慢滑动,自动挡车型慢慢松开刹车,直至松弛得拖车绳紧绷后,再正常起步。

在拖车过程中，前车不能像平时驾驶一样，特别是转弯和减速的时候，后面车一般都是没有转向助力和刹车助力的，所以刹车时机和路况选择是前车要做好的。

安全车距：特别是软连接，长度只有 5～10m，与道路上其他车辆要保持比平时更长的车距。安全车速：拖车时的车速虽然没有法律规定，但是要做到越慢越好，公路上不要超过 40km/h，上坡、下坡和转弯等特殊路况不要超过 20km/h。

下坡的时候要格外小心，前车一定不能紧急制动，因为被拖车辆的跟车距离只有 10m 不到，反应时间很有限，为后车留出足够的反应和操作时间。

在拖车的过程中，一定要打开双闪灯，并且在道路的最外侧车道行驶，以免影响其他车辆正常行驶。

（十四）更换轮胎

1. 使用的主要器材

序号	名称	型号与规格	单位	数量	备注
1	千斤顶		个	4	
2	轮胎扳手	与车型匹配	个	4	
3	扭力扳手	自选	个	4	
4	拆装工具	与车型匹配	套	4	
5	挡块		个	12	
6	轮胎气压表	自选	块	4	
7	棉丝			若干	
8	轮胎花纹测量尺	自选	个	4	
9	灭火器	干粉	个	6	

续表

序号	名称	型号与规格	单位	数量	备注
10	肥皂水		瓶	4	
11	计时器	自选	块	4	
12	停车警示标志	标准型	块	6	

2. 操作细则

（1）必须穿戴好劳保用品；

（2）取来备用轮胎后要检查备胎有无损伤，检查备胎气压，检查备胎气门嘴的密封性，检查备胎的花纹深度；

（3）从货车上拆下左后轮外侧轮胎前，要先用轮胎扳手拧松左后轮外胎的轮胎螺母、用千斤顶顶起后轮、然后从货车上拆下左后轮轮胎；

（4）将备胎安装到货车的左后轮外侧时，先预紧轮胎螺母，然后降下千斤顶使车轮落位，最后按对角线的顺序，紧固轮胎螺母到规定力矩。

3. 操作流程

（1）拖拉机驾驶员检查车辆周围安全情况并在车辆前后设立停车警示标志；

（2）检查左后轮外侧轮胎气压及损伤；

（3）在其余前后轮下安装制动楔块；

（4）取来备用轮胎；

（5）从货车上拆下左后轮外侧轮胎；

（6）将备胎安装到货车的左后轮外侧；

（7）将换下的轮胎收好；

（8）擦拭工具、设备，整理工位。

常见故障判断处理

1. 安全带收回时不自如如何处理？

有些车辆的自动卷回式安全带使用一段时间后会出现当松开安全带后不能及时收回，一般这都是因为安全带脏造成的，只要做好清洁就解决了。

2. 仪表盘上指示灯点亮怎么办？

根据指示灯点亮的颜色和功能处理：（1）电器指示灯亮，可以关闭用电器；（2）如果是故障指示灯亮，必须排除故障。（3）红色的是危险提示灯，说明故障严重，需要马上将车辆停到路边进行检查，必要时派专人到现场检查车辆。（4）黄色的是警告提示灯，说明系统存在故障，需要尽快到专业修理厂进行检查。

3. 发动机启动时应注意哪些事项？

（1）为防止损坏启动机，启动机工作时间不得超过5s，重复起动必须间隔15s，连续3次不能启动则应停止启动，排除故障后，停歇2min后再启动。

（2）发动机启动时不要猛踏加速踏板，这样可能会导致发动机严重损坏。

4. 发动机产生故障的外部现象有几个方面？

有五个方面：响声异常、温度异常、工作异常、外观异常、气味异常。

5. 发动机异响有哪几种类型？

有四种类型：机械异响、燃烧异响、空气动力异响、电磁异响。

6. 发动机液压挺柱响的原因是什么？如何处理？

现象：装用液压挺柱的发动机，不需要调整气门间隙，但由于液压挺柱功能衰退或其他因素影响,有时也会有异响发生。在发动机怠速运转时,在发动机中部、气门液压挺柱则会听到"咔嗒"的声响。响声规律不明显,提高发动机转速后声响减弱或杂乱,高速时消失。冷车较明显,热车响声逐渐减弱。若断火试验,响声依然存在。这种响声容易误判,即误认为是其他部位的金属敲击声。原因分析:柱塞磨损、阀门漏油、供给挺柱的机油压力不足、柱塞与挺柱体被油污阻塞。处理方法:对磨损、漏油严重的零件应予以更换,磨损较轻的部件通过修理可继续使用。

7. 发动机的节气门体及怠速电动机脏的原因是什么?如何处理?

原因分析:目前轿车的发动机怠速是靠装在节气门体上的怠速步进电动机控制。在发动机运行时,由于空气质量及汽油品质的原因,会造成发动机节气门体的节流阀和怠速阀积有许多污垢,当污垢严重时,发动机将会出现怠速过低、稳定性差或无怠速,加油时节气门有发卡现象。处理方法:轿车一般在每行驶 20000km 左右时,建议清洗节气门体。清洗后应通过诊断仪设定发动机使之达到正常工作状态。

8. 发动机曲轴箱上通气孔堵塞的原因是什么?如何处理?

原因分析:发动机工作时,总会有一部分可燃气体和废气经活塞环和气缸壁的间隙进入曲轴箱内。进入曲轴箱内的燃油蒸气凝结后将稀释机油,废气中的酸性物质和水蒸气将侵蚀零件,使机油性能变化,使机油逐渐失去其功效。另外,进入曲轴箱内的气体使曲轴箱内温度和压力均升高,造成机油从油封、封垫等处渗出。由于活塞的往复运动,曲轴箱内的气体压力忽高忽低,影响发动机的正常工作。严重时会使曲轴箱内的机油上窜至燃烧室和气缸盖罩内，还会从加油口或机油尺的缝隙处漏油。为了避免出现上述条件现象，发动机上都设有通风装置，以平衡曲轴箱的内、外气压。处理方法：使用中若出现烧机油、机油沿接合面外泄、机油过早变质和发动机怠速运转不平稳等现象时，应检查曲轴箱通风装置是否有效，应保证通气孔畅通。并且负压阀片不能变形、粘连或装错，呼吸管不能弯折或堵塞，单向阀不能装反。

9. 柴油发动机功率不足，是由哪些原因引起的？

（1）燃油质量差；

（2）喷油器雾化不良；

（3）空气滤清器过脏或堵塞；

（4）增压器漏油，产生积炭或有其他阻力；

（5）燃油喷射正时失准；

（6）气门间隙过大。

10. 柴油机油路堵塞的常见原因有哪些？

（1）由于长期不清洗或不及时更换燃油滤清器滤芯，使滤清器过脏，燃油中的杂质堵塞滤清器，造成供油不畅或堵塞；

（2）油管碰扁或管路接头中的滤网长期不清洗，也会堵塞油路；

（3）冬季使用燃油标号不对，不能及时排除油水分离器中的水分，会造成油路不畅或堵塞；

（4）油箱盖上均装有复活门，当其堵塞后，油箱内形成真空，燃油无法吸出，输油泵不能供给燃油；

（5）靠近排气管的柴油管路受热后，柴油容易汽化，产生气阻现象，使燃油不能供给。

11. 柴油机排气冒黑烟的原因是什么？

冒黑烟原因：喷油时间过早；喷油量过大或各缸喷油量不均；喷油器雾化不良；空气滤清器堵塞；调速器工作不良；柴油机负荷过大。

12. 车辆的排气管排出蓝色烟雾的原因是什么？

原因分析：是由于大量机油进入气缸，而又不能完全燃烧所致。拆下火花塞，即可发现严重的积炭现象。需检查机油尺油面是否过高；气缸与活塞间隙是否过大；活塞环是否装反；进气门导管是否磨损或密封圈是否损坏；气缸垫是否烧蚀等，必要时应予以修复。

13. 车辆排气管冒白烟，冷车时严重，热车后就不冒白烟的原因是什么？

原因分析：这是因为汽油中含有水分，而发动机过冷，此时进入气缸的燃油未完全燃烧导致雾点或水蒸气产生形成白烟。冬季或雨季当汽车初次发动时，常常可以看到排白烟；一旦发动机温度升高，白烟就会消失，此状况不必检修。

14. 柴油机排气冒白烟的原因是什么？

冒白烟原因是：燃油中有水；油路中有空气；喷油时间过迟；各缸喷油间隔角度不一致；喷油器雾化不良；喷油压力低；气缸压力不足等，均会导致柴油燃烧不完全，形成白色烟雾从排气管中排除。

15. 发动机噪声大，车辆原地踩加速踏板时，有"隆、隆"异响，发动机舱内有振动感的原因是什么？如何处理？

原因分析：举升车辆，可看到发动机的底护板有磕碰痕迹。如果路面有障碍物而强行通过，发动机底护板就要被磕碰。底护板变形后与发动机油底壳距离变近，如果距离太近,当加速时油底壳与底护板相撞就会发出异响并使车身振动。所以,行车中一定要仔细观察路面,不要造成拖底现象发生。

处理方法:拆下底护板,压平校正即可。

16. 运行中发动机温度突然过高的原因是什么?

原因分析:如果汽车在运行过程中,冷却液温度表指示很快到达100℃的位置,或在冷车发动时,发动机冷却液温度迅速升高至沸腾,在补足冷却液后转为正常,但发动机功率明显下降,说明发动机机械系统出现故障。导致这类故障的原因大多是:冷却系统严重漏水;隔绝水套与气缸的气缸垫被冲坏;节温器主阀门脱落;风扇传动带松脱或断裂;水泵轴与叶轮松脱;风扇离合器工作不良。

17. 冷却系统水温高的原因有哪些?

(1) 冷却液不足;

(2) 风扇皮带打滑;

(3) 水泵失效;

(4) 散热器堵塞;

(5) 节温器打不开;

(6) 百叶窗打不开;

(7) 点火过迟;

(8) 低速、超负荷工作。

18. 汽车加速时机油压力指示灯会点亮的原因是什么?

原因分析:机油灯点亮有实与虚两种情况。所谓实,就是机油压力确实低,低到指示灯发出警告的程度,说明润滑系统确有故障,必须予以排除。所谓虚,机油润滑系统没有故障,而是机油压力指示灯系统发生了故障,错误地点亮了指示灯。这种故障虽不会影响发动机的正常工作,但也应及时找到根源，排除为妙。通常情况下实症的可能性较大，应作为判断故障的主要思路。

19. 发动机机油压力指示表显示异常的原因是什么？

原因分析：当表的指针显示油压不正常时，说明发动机部件有故障。如果油表指针显示压力偏低或是仪表指针显示波动大，可能是由于机油泵磨损大、滤清器被脏物阻塞、吸油滤网露出油面、机油液面低、油路中混入空气以及压力表有故障等原因造成的。另外，润滑油黏度偏低、油路密封和润滑性差、润滑油过冷黏度太大、润滑油油泥沉积太多等也会引起机油压力指示表显示异常。

20. 发动机的机油刚刚更换没多久就变黑的原因是什么？

原因分析：变黑原因主要有两个方面。首先是由于清净分散剂的作用，其次是由于使用中的机油被氧化。如果一种机油在使用中不变黑，说明这种机油根本没有发挥其正常的清洁作用。目前的机油一般都含有清净分散剂，吸收燃烧产生的积炭和机油的氧化物，以便换油时换出，从而保证发动机内部清洁。所以，刚刚更换的机油变黑不一定是由于发动机内部太脏引起，只要按规定时间换油即可。注意：一定要按期换机油和机油滤清器（或滤芯）。机油使用一段时间后，机油的黏度变稠并且有酸性产物产生，如不定期更换将损害发动机部件，影响发动机正常运转。

21. 柴油发动机机油增多的主要原因有哪些？

主要原因是机油中进入了柴油或冷却水。进柴油的主要原因是：喷油器雾化不好、回油接头漏油，各密封零部件损坏等原因造成漏油。进水的原因是：缸体、缸盖、缸套有裂纹或砂眼、气缸垫损坏，机油散热器漏水。

22. 发动机机油消耗量过大的原因是什么？

原因分析：润滑油在车况良好的情况下也存在正常的消耗，但有些车况较差的时候，汽车的尾气排出蓝烟，其实这就意味润滑油消耗过大，一般来说，润滑油的消耗无非两种情况，进入燃烧室参与燃烧或是机油渗漏。之所以机油能够窜入燃烧室，主要是因为零部件严重磨损，配合间隙过大，或者机油压力过高，导致机油上窜进燃烧室。而机油的渗漏主要是因为密封垫变硬老化、气门卡死。如果是老旧车辆，一般都存在密封垫由于老化而密封不严的情况。遇到以上情况，最好通过专业的养护中心，由养护工程师进行判定，并实施行之有效的解决办法。

23. 驾驶同一品牌的车，为何别人的车烧油少，而自己的车却烧油多？

原因分析：首先，车在凹凸不平的、坡陡弯多的路面上比在平直坦荡光滑摩擦力小的路面上行驶所消耗的油量要多；车在沙、土质路面比在水泥、柏油质路面上行驶耗油要多；车在闹市区行驶比在郊区行驶耗油要多。闹市区路况复杂，车又经常遭遇交通堵塞，车速较低，而郊区相对路况较好，车能保持经济速度行驶。其次，应经常检查气缸压力变化情况、火花塞工作情况及燃油系统工作状态，发动机是否选择了理想的混合气浓度和得当的点火提前角，这些都是决定汽车油耗多少的关键。

24. 经过一段时间发动机机油消耗了一部分是否正常？

原因分析：国家标准规定，车辆行驶 1×10^4 km 的正常损耗机油量应在 1L 以内。一般轿车的机油容量在 4L 左右，当机油液面达到机油尺标线 MIN 处时，机油缺少不过 0.5～1L。如果车在 1×10^4 km 内机油损耗在 1L 以内属于正常损耗，就不能认为是故障。

25. 发动机废气中排出机油的原因是什么？

（1）气门室中机油过多；

（2）气门导管及油封磨损；

（3）活塞环磨损。

26. 拧开散热器盖发现总有一些油渍漂浮在水面上，而且发现换机油时有水分的原因是什么？

原因分析：发动机有两大循环系统，一个是冷却液循环系统，另一个是润滑油循环系统，两大系统互不贯通。如果水中有油或油中有水，说明两个循环系统中的某个隔离地方出现了问题。"油进了水"与"水进了油"是两种不同性质的故障。发动机一旦运转，机油压力总是高于冷却水压力，因此机油很容易从缸体裂纹中进入冷却水中，相反，冷却水不太容易进入机油中，所以机油进入水中是属于内漏现象：缸体机油通道的某一位置发生裂纹，机油通过裂纹间隙被"挤"进了冷却水通道里，由于油比水轻，拧开散热器盖就可以发现浮油了。而机油含水是属于另一性质的问题，它是由于缸套破裂或其他外界原因，使冷却水进入油底壳混入机油中。因此，"油进了水"是发动机机体本身出了毛病，而"水进了油"则多是发动机配件引起的，其故障性质不一样。

27. 新买的车辆发动机抖动严重，有时故障指示灯还会偶尔闪亮的原因是什么？

原因分析：某些新车会有这种情况，车辆发动机抖动严重，有时故障指示灯还会偶尔闪亮。很多人怀疑是车辆存在质量问题，其实真正的原因是不清洁的燃油导致了供油系统的污染或堵塞。目前一些先进的车辆配备了尾气排放监测系统,由于这种控制系统能非常灵敏的检测汽车尾气排放和燃油清洁状况,所以使用不洁的燃油会引发燃油供给、点火、排放系统污染,进而导致发动机故障指示灯点亮和不同程度的发动机抖动。所以有效的解决方法是:彻底清洁被污染的系统后,持续地添加指标性能稳定的汽油并添加定量的油路清洁剂,情况即可改善。

28. 发动机运转不平稳,常伴有"突、突"声,加速时发动机动力不足,不时发出"嘭、嘭"的放炮声,排气管冒黑烟的原因是什么?

原因分析:有可能是化油器和白金故障或点火时刻过晚。如果点火时刻过晚,发动机活塞距上止点很近时,火花塞才开始点火,混合气燃烧滞后,燃烧不完全,当活塞下行后甚至到排气门打开时混合气仍在燃烧,燃烧室容积的扩大和气体的滞后膨胀,导致气缸压力不高,发动机动力下降。部分燃烧膨胀的混合气还可能通过进气门返回化油器,产生回火现象,发出剧烈的"嘭、嘭"声,燃烧不完全的混合气由排气管冒出黑烟。出现上述故障时,应及时到修理厂进行修理。

29. 行驶中发动机有爆燃响,尤其是加速时明显的原因是什么?

原因分析:爆燃声响类似气门杆的响彻声即"喀喀"声。由于新型发动机大都使用液压挺柱,不会发生气门杆间隙过大的响声,实际是一种爆燃声。这种响声多由于使用了低标号燃油所致。要排除这种故障,必须更符合要求的高标号燃油。这种异响在切诺基车上最明显。若一时买不到符合规定的燃油,则应对点火正时进行适当调整。

30. 在冬季低温时，汽车停放时间一长，发动机启动较为困难的原因是什么？

原因分析：因气温低，燃油的汽化率下降，混合气变稀而不易燃烧造成启动困难。同时因气温低，机油黏度变大，发动机运转阻力增加而造成启动困难。另外，蓄电池电解液的化学反应慢，造成启动时输出的电量不足、启动机功率不足和点火电压不足，使发动机难以启动。所以，汽车在寒冷的季节启动之前应先对发动机进行预热。可向散热器和水套中灌注热水或蒸汽，利用水套中的温度传导至气缸壁，使启动时进入气缸中的燃油易于汽化，并可提高可燃混合气的温度，以便利于燃烧。还可根据需要对蓄电池进行预热以增强蓄电池的电量，提高启动电流和点火电压。

31. 发动机冷车启动困难，启动后发动机振动，然后趋于平稳，中低速时发动机开始抖动，高速时有所改善的原因是什么？

原因分析：可能是火花塞故障或点火时刻过早。如果不是火花塞的故障，即可判断是点火时刻过早。如果点火时刻过早，在电火花闪过的瞬间，活塞离上止点远，气缸内混合气的压力和温度都不高，致使火焰形成缓慢，而火焰形成后传播速度也较低，在这个过程中，燃烧室内离火花塞较远的一部分混合气还等不到火花塞处传来引火，就由于已燃混合气的温度辐射及膨胀而自动燃烧起来，造成爆燃，爆燃致使发动机在中低速时抖动严重。出现上述故障时，应及时到修理厂进行修理。

32. 在松合离合器时有些抖动的原因是什么？

原因分析：说明离合器拨叉、分离轴承、压盘及摩擦片严重磨损，分动器无油，后传动轴前伸缩套及其轴承严重磨花、磨黑，分动器后盖油封已烧烂。造成上述情况的原因只能有两个，一个是变速器轴间定位有问题，造成轴不平行；另一个就是其轴间间隙过大。

33. 踩离合器时踏板出现轻微"吱、吱"的声音的原因是什么？

原因分析：有些车辆在踩离合器踏板时，总是会发出类似于"吱、吱"的声音，很是烦人，还以为是离合器出现了故障，这种现象的出现是由于离合器踏板支撑轴由于长期的使用出现轻微的磨损所致，一般在支撑轴处涂抹一些润滑剂就可以了。

34. 离合器踏板踩下的量小时，挂挡时不痛快，有时还会出现挂挡时齿轮撞击的声音的原因是什么？

原因分析：有些车的离合器使用的是拉线式的。当使用一段时间后就会出现离合器踏板逐渐变低，踩离合器时感觉行程短，挂挡时不痛快，有时还会出现挂挡时齿轮撞击的声音。这是因为拉线调整的固定锁止螺母随着踩离合器踏板次数的增加，螺纹自动旋转造成的。这不是故障，只要稍微旋转固定锁止螺母就可以了。

35. 自动变速器车辆不踩制动踏板变速杆不能扳动的原因是什么？

原因分析：这是为了安全设计的一项功能，不是故障。当点火开关不接通、制动踏板未踩下或拔掉点火钥匙后，变速杆不能从 P 挡位退出。如果需要退出，可按下紧急按钮释放锁定的变速杆。如果变速箱未放在 P 挡位，点火钥匙不能转到 LOCK 锁定位置。当点火开关接通时，必须踩下制动踏板，才能把变速杆从 P 挡位切换到其他挡位。因为导向销必须伸出才能使锁定解除，故还需要同时按下变速杆上的按钮。

36. 坡路停车时，有时"P"挡位置变速不能扳动的原因是什么？

原因分析：有时车辆在坡路停车后，再次启动发动机时出现"P"挡位置挡把不能扳动的现象。这是因为一般停车时都是先踩下制动后，将挡把放到"P"挡位置，抬起制动踏板后，车辆会因为自重移动，导致变速器内的机械锁止"爪"受力卡在爪槽内所致，造成出现扳动挡把时费力的感觉。这不是故障，正确的操作方法会避免这种情况出现。即：踩制动踏板，将变速杆放置在P挡，拉起手动制动器，然后抬起制动踏板。

37. 汽车在空车与重载行驶时转向盘均摆动，且在平坦路面上行驶摆动较严重的原因是什么？

原因分析：一般是由于前束不符合技术标准以及横直拉杆球头、转向机内部配合间隙磨损过大或转向机固定螺栓松动、转向节销与衬套磨损过大所致。上述原因造成的松旷所形成的合成力矩，会推动转向盘左右摆动。

38. 车辆的转向盘总是不正，一会向左，一会向右，飘忽不定的原因是什么？

原因分析：这是由于固定在转向机凹槽中的橡胶限位块已完全损坏导致。将新限位块装复后，故障完全消失。

39. 车辆在高速行驶时出现全车抖动现象的原因是什么？

原因分析：车辆在正常行驶至96km/h左右时，出现全车抖动现象，降低车速，现象即消失，若再加速至90km/h左右时抖动又出现说明汽车底盘存在故障。其故障原因有：轮胎动平衡失准；前后悬架、转向、传动等机构松动；前轮定位、轴距失准；半轴间隙过大。首先，轮胎平衡失准会使车轮边滚动边跳动行驶，这是造成全车抖动的主要原因。其次，悬架机构、转向机构、传动机构松旷、松动，造成前束值、车轴距失准，钢板弹簧过软，导致车辆在行驶中产生共振，诱发全车抖动。再次，半轴间隙过大，在行驶中作不规则运动，磨损加剧，造成旋转质量不平衡，引起全车抖动。以上故障若不及时排除，将导致恶性循环，并引发其他故障。

40. 行驶时车辆转向"发飘"的原因是什么？

原因分析：往往是由行驶中前轮"摆头"引起的，原因有：垫补轮胎或车辆修补造成前轮总成动平衡被破坏；传动轴总成有零件松动；传动轴总成动平衡被破坏；减振器失效；钢板弹簧刚度不一致；转向系机件磨损松弛；前轮校准不当。

41. 汽车在行驶时一遇到故障即引起转向盘摆动，且重车时摆动更严重的原因是什么？

原因分析：一般情况下是由于前轮轮胎磨损不均，使用新补的轮胎或垫胎不均及钢圈变形所致。因为，车轮转速较快时，驱动转向盘旋转的力矩主要来自轮胎或钢圈的偏摆度。当轮胎或钢圈的摆差超过3mm时，偏摆力矩就能驱动转向盘左右摆动。应去修理厂检查，视情况更换轮胎或钢圈。

42. 在良好的路面上高速行驶，重、空车时转向盘均摆动，重车时摆动严重，且车速越快，摆动越严重的原因是什么？

原因分析：一般是由于制动鼓与轮毂连接螺栓松动，轮毂轴承孔松旷以及制动鼓镗削偏离中心而使制动鼓厚度不一，产生不平衡量所致。因为，在高速行驶的情况下，车轮转速很快，驱动转向盘摆动的力矩主要来自制动鼓与轮毂的旋转均匀度及其平衡量,在不平衡量的作用下,惯性与前倾角均产生驱动转向盘摆动的力矩。

43.汽车转弯时,转向盘明明转的大转弯却变成小转弯,转向盘明明转的是小转弯却又变成大转弯的原因是什么?

原因分析:转向时发生的这两种现象前者称为不足转向,后者称为过度转向,说明转向系统出现问题。驾驶者在汽车转向一面绕行一面加速时的感觉是:具有不足转向性能的汽车将向外侧面行进,具有过度转向性能的汽车将向内侧行进。当行驶半径变大时,称为不足转向。当行驶半径变小时,称为过度转向。还有一种转向现象,最初是不足转向,在中途又变成过度转向,急剧向内侧转向。这是最危险的逆转向现象,易发生事故。这种情况只在个别的后置发动机的汽车上才发生。

44.自动变速器车挂D挡位时,车有轻微振动的原因是什么?

原因分析:车辆准备起步时,当自动变速器挂入D挡位后,在液力变矩器的作用下,一挡摩擦片接合,产生向前的驱动力,而此时因踩下制动踏板阻止了这种向前的力,造成车的轻微振动。如果振动过大,有可能是变速器前进挡的摩擦片磨损了,需要检修变速器;还有可能是发动机支撑或自动变速器支撑垫损坏,产生共振引发动机缺火造成的。所以,要注意平时的车辆状态,以便能及时发现异常。

45.车辆急加速时,车速提不起来的原因是什么?

原因分析:轿车行驶中,缓加速时汽车加速正常,急加速时车速不能立即提高,无法超车。可能的原因为发动机的燃油供给系统故障，油压、喷油量、点火时刻不符合规范，火花塞及高压线故障。实际案例：有一辆轿车存在上述现象。对发动机做空转急加速实验，未发现异常。检查发动机的燃油供给系统，其油压、喷油量等都很正常，读数据流表明故障在点火系统。检查点火正时符合规范，更换火花塞后，故障依旧。最后检查确认是高速时高压火花不够强。用万用表高阻挡测量各缸高压线的电阻值，均在25Ω。由于高速、大负荷时发动机需很强的点火能量，而中央高压线电阻值过大，造成点火能量衰减，高压火弱，从而引起发动机加速无力。换一套新的高压线后，故障排除。

46. 加油时，发动机转速升高可是车速却不能提高的原因是什么？

原因分析：车辆行驶中若是发现车辆加速时，尤其是急加速时车辆不能随着发动机的转速升高而提速，对于手动变速器而言，一般是由于离合器片损坏造成的。自动变速器的车辆一般是由于变速器内的摩擦片损坏造成的。此时就不能再加速行驶了，以避免更大的经济损失。应寻求救援或是慢慢将车辆开到维修厂进行修理。

47. 柴油机油路堵塞故障如何预防？

（1）使用清净的燃油，防止输油泵、高压油泵及喷油器中的精密偶件磨损；

（2）经常清洗、更换滤清器及滤芯，保持管路、接头畅通无渗漏；

（3）按规定里程，清洗或排出油水分离器中的水分和沉淀物；

（4）保持油箱盖复活门畅通，定期维护燃油箱；

（5）避免高温产生气阻。

48. 柴油机猛踏加速踏板有什么害处？

（1）转速突然增加，对曲柄连杆机构、配气机构产生冲击载荷，增加这些部件的磨损或损坏；

（2）吸气量短时间供应不足，燃油燃烧不完全，柴油机冒黑烟，浪费燃料，燃烧室积炭，增加磨损；

（3）造车高压油泵调速器齿条卡死，产生飞车；

（4）增大扭矩，造成传动系统和行驶系统机件损坏。

49. 真空胶管有漏气声的原因是什么？

原因分析：在使用中，由于真空胶管老化松动、脱落及变形，在怠速运转时，发动机上部便会听到一种"哑哑"的漏气声，随着转速的提高，声音逐渐消失，冷机、热机响声无变化。同时，发动机在怠速运转时，还伴有"突突"声响，有些附件因真空度不够而不工作，响声虽小，但有隐患。上述故障原因是真空胶管松动、脱落后，因发动机运转产生真空，在真空管接头处有较大的吸气而产生气流的响声。排除这种故障的方法比较简单，检查各真空软管、管接头处有无老化变形、龟裂、脱落，若有损坏应更换新件。

50. 冬季时，车辆的天窗不能开启的原因是什么？

原因分析：在冬季，在室外停放的车辆，因前一天晚上车内温度较高致使飘落在天窗周围的冰雪融化，而隔夜后，车辆的整体温度降低，融化的雪水凝结成冰，所以，极易使天窗玻璃与密封胶框冻住。如强行打开天窗易使天窗电动机及橡胶密封条损坏，因此要待车内温度上升确认解冻后再打开天窗。同样，冬季洗车时，即使热水洗车如未完全擦净，车辆在行驶中天窗边缘残留水分也会冻住，所以洗车后应打开天窗，以便擦干周围水分。另外，天窗密封条表面经过喷漆或植绒处理，为避免冻住，喷漆处理胶条最好用软布擦干，再涂上些滑石粉。而植绒处理胶条擦干即可，切勿沾上油污。

51. 转向时沉重费力的原因是什么？

原因分析：原因有转向系统各部位的滚动轴承及滑动轴承过紧，轴承润滑不良；转向纵拉杆、横拉杆的球头销调得过紧或者缺油；转向轴及套管弯曲，造成卡滞；前轮前束调整不当；前桥或车架弯曲、变形。另外，转向轮轮胎亏气、四轮定位数据不准也会造成转向沉重。

52. 怎样诊断转向沉重故障？其原因是什么？

汽车在行驶中，转动方向时，如感到沉重吃力，应即停车分段检查。将转向摇臂拆下，转动方向盘，若感到沉重，说明是转向器内部有故障。例如，蜗杆上下轴承调整过紧或轴承损坏；滚轮与蜗杆啮合过紧；转向摇臂轴与衬套间隙过小。在转动方向盘时，若听到有刮碰的响声，一般是转向轴弯曲或管柱凹瘪互相刮碰，或是方向盘与管皮摩擦等引起。将转向摇臂拆下后，转动方向盘，若感到轻便灵活，则说明转向器无故障。此时应用千斤顶将前轮架起，用手左右扳动车轮，若扳不动或能扳动但感到很吃力，故障一般是：转向节轴承缺润滑油或损坏；转向节主销与衬套装配过紧或缺润滑油；拉杆螺塞旋得过紧或拉杆头缺润滑油。经上述检查均良好时，应检查横拉杆是否撞弯或轮胎气压是否过低。若都良好，应检查前轴和车架是否弯曲，前轮定位是否妥当。

53. 行驶时车辆的转向盘难于操纵的原因是什么？

原因分析：可能是两侧的前轮规格或气压不一致；两侧的前轮主销后倾角或车轮外倾角不相等；两侧的前轮毂轴承间隙不一致；两侧的钢板弹簧拱度或弹力不一致；左右两侧

轴距相差过大；车轮制动器间隙过小或制动鼓失圆，造成一侧制动器发卡，使制动器拖滞；车辆装载不均匀等。

54.前轮发摆的原因有哪些？

（1）前钢板弹簧销与衬套磨损或骑马螺栓松动；

（2）前轮定位失准；

（3）转向机、转向节主销、衬套、转向拉杆球销磨损松旷；

（4）方向盘自由行程过大；

（5）前轮胎磨损不均；

（6）轮毂轴承松旷。

55.传动轴在运转中异响和振抖的原因是什么？

异响原因：传动轴节叉、十字轴、凸缘盘、中间支撑轴承磨损过甚或损坏。振抖原因：传动轴在工作中承受巨大扭矩和载荷，容易造成轴管弯曲、凹陷，破坏传动轴的动平衡，在运转中产生振抖现象。

56.怎样诊听后桥的异响？

汽车在行驶中，后桥有噪声，尤其在急剧改变车速时，听得比较清晰。此时应注意察听异响的特点，以此来诊断故障。车速越高，噪声越大，在滑行时，响声消失或减小，这主要是轴承磨损松旷，或齿轮啮合不当。车辆在缓慢或急剧改变速度时，听到"咯啦、咯啦"的撞击声，这是齿轮啮合间隙过大。在加速或收油门降速后，听到"嗡……"的噪声，这一般是齿轮啮合间隙过小或啮合不良。在行驶中，若听到后桥有剧烈的响声时，有可能是齿轮已打坏，应立即停车检查。在根据噪声诊断故障的基础上，还可停车，将后轮架起，急剧改变油门，反复试验，查找声源。然后发动机熄火检查，若齿轮啮合间隙过大，晃动突缘就会有较大的旷量感。如无一点旷量,说明齿轮啮合间隙过小。齿轮磨损过甚,或轴承磨损及损坏等,应分解后桥检查。

57. 平常能正常行驶,但有时在缓慢停车时,有紧急制动的感觉,起步时有拖滞感;高速时油耗较大,车速受限的原因是什么?

原因分析:故障可能出在制动总泵上。

实际案例:有一辆车再现上述现象,将汽车支起,拆检各制动器、制动分泵、卡钳导轨以及手制动拉线等,未发现异常。进行路试也未发现异常。过了一段时间,上述故障再次出现,并在无制动情况下推不动。用手触摸两轮轮毂,明显过热。将总泵与真空助力器的连接螺栓松开后,制动解除,车能被推动。将总泵拆下,用工具测量助力器顶杆长度及总泵活塞深度,发现两者间没有间隙。这使得总泵回油不彻底,产生制动拖滞。在总泵与助力器之间加垫并调整好间隙之后,装复试车,故障排除。

58. 车辆行走不平路面或是通过减速隔离带时有"咯吱"的响声的原因是什么?

原因分析:一般情况下,无论新车还是旧车,在行走不平路面或是通过道路减速隔离带时,会有"咯吱"的响声。新车声音会小一些,旧车会大一些,这不是故障。这是由于目前的轿车都采用了独立悬架结构,连接的部位为了实现减振采用了橡胶件,当车辆振动达到一定的程度时,因橡胶件的变形而发出声音,当振动的幅度比较小时,发出的声音相对较小。

59. 制动跑偏的原因是什么?

制动跑偏的原因主要来自制动器、制动管路、转向系统、行驶系统、悬挂等。

（1）制动器引起制动跑偏的原因主要是前轮制动力不一致。造成这种现象的原因有：两个前轮制动间隙不一致、摩擦系数不一致、两轮制动分泵作用时间不一致。

（2）制动管路引起的制动跑偏的原因主要是制动管路一侧堵塞或泄漏。

（3）转向系统引起的制动跑偏的原因主要是前束不一致和主销后倾、主销内倾、前轮外倾不一致，因而导致制动时两轮制动力相差过大使制动跑偏。

（4）轮胎气压不一致也是制动跑偏的重要原因。

（5）两侧前悬挂弹性组件弹力不一致同样是引起制动跑偏不可忽视的原因。

60. 车轮圈发黑的原因是什么？

原因分析：车轮圈发黑的原因是制动器在制动时，制动卡钳与车轮盘相互摩擦磨下一些炭粉，这些炭粉如不及时清除，因为车轮的铝合金轮圈也会发热，这些热量致使炭粉在铝合金轮圈表面结焦，就变成了一层深咖啡色的坚硬表层，用水无法总掉。因为前轮制动时，车辆重心前移，所有的重量都往车头集中，造成前制动负担较重，这就是前轮制动器所磨下来的炭粉比后轮多很多的缘故，要避免这样的现象，就要勤冲洗轮圈。

61. 制动总泵油杯内的液面随着使用不断降低的原因是什么？

原因分析：经常清洗、检查车辆就会发现制动油杯内的制动液液面不断变低，这不是故障。这是由于随着车辆的使用，制动片逐步磨损变薄，总泵油杯内的制动液不断进入制动分泵，这是正常的，当更换新制动片后，制动液液面就又能恢复到原有的高度了。

62. 踩制动踏板时有轻微的"漏气"声音的原因是什么？

原因分析：这是真空助力器发出的声响。真空制动增压器的工作原理是利用发动机工作时产生的负压与大气压之间的压力差来迫使增压器内橡胶膜片移动，推动制动主缸的活塞，以此来减轻驾驶者踩制动踏板的力。在不踩制动踏板时，发动机进气歧管的负压被引入膜片的两边空腔，压力平衡，所以增压器不工作，当踩制动踏板时，增压器橡胶膜片空腔的真空孔关闭，同时打开空气孔让外界空气进入，由于腔内的气压大于另一腔的气压，迫使橡胶膜片移动并带动制动主缸活塞移动，从而起到增压作用。

63. 踩制动踏板时，变速杆处有"咔哒"的声音的原因是什么？

原因分析：自动变速器的车辆一般都有防止误操作变速杆的功能，以防止驾驶员或是车内的乘员因误操作出现安全事故。所以，在"P"挡位置时不踩制动踏板变速杆是不能扳动的。变速杆处有"咔哒"的声音是电磁阀动作时发出的声音，每踩一次制动踏板，电磁阀都会发出声响。

64. 气压制动气压不足怎样判断故障？

在驾驶室内检查气压表时，如指示压力不足，可使发动机在中速以上运转一段时间，若压力还不上升，或上升得很慢，当踏下制动踏板时，放气声很强烈，说明气压表损坏；若无放气声或放气声很小，应检查风扇皮带是否过松，从空气压缩机经储气筒、控制阀到进气管是否有松动漏气之处。如果空气压缩机不向储气筒充气，应检查油水分离器和空气滤清器内是否因污物过多而造成堵塞。经以上检查，如没有找出故障的原因，说明故障在压缩机内部。对此，应拆下压缩机，检查排气阀是否漏气；弹簧是否过软或折断；缸盖衬垫是否损坏；缸壁、活塞环是否过度磨损等。

65. 气压制动跑偏怎样判断故障？

制动时，同轴上两轮的制动效果不一样，汽车向一边歪斜。试验跑偏时，要注意往哪边偏。如向左偏斜，则右轮制动失灵。发现个别车轮制动失灵，可由一人踏住制动踏板，另一人注意察听车轮的制动气室、气管或接头是否有漏气声。如制动气室内有漏气声，一般是膜片破裂；漏气声发自气室外，一般是气管和接头破裂或松动。若没有漏气之处，应观察制动气室推杆伸缩情况，是否有歪斜或卡住等。如无故障，将该车轮架起，从制动鼓检查孔观察是否有油污和泥水，如无油污和泥水，可检查制动蹄与制动鼓的间隙是否过大和左右车轮间隙是否相等。经上述检查，如均良好，可拆下制动鼓，检查是否磨损失圆，检查摩擦片铆钉是否露出或摩擦片硬化。如都良好，可踏下制动踏板，迅速抬起，看制动蹄是否回位自由、迅速。若不能迅速回位，可卸下制动蹄拉簧，分别检查制动蹄支撑销及凸轮是否锈蚀。如果上述检查均正常，应考虑是否因摩擦片质量不同、轮胎质量不一等情况引起。

66. 带有 ABS 的车辆在紧急制动时，出现"嘎嘎"的噪声的原因是什么？

原因分析：带有 ABS 的车辆在紧急制动时，出现"嘎嘎"的噪声，这是 ABS 执行泵在减压工作过程中发出的正常声音，同时，还会伴随着制动踏板上下跳动的弹脚的感觉。当车轮制动时，安装在车轮上的传感器立即能感知车轮是否抱死，并将信号传给电脑。对抱死的车轮，电脑马上降低该车轮的制动力，车轮又继续转动，转动到一定程度，电脑又发出命令施加制动,保证车轮既受到制动又不致抱死。这样不断重复,直至汽车完全停下来。电脑能在一秒钟之间对车轮进行几百次的检测,并同时对制动系统进行数十次的操纵,不过,ABS只有紧急制动时才起作用,一般情况下起作用的还是普通制动系统。

67. 下小雨时风窗玻璃刮不干净的原因是什么?

原因分析:下雨下得很大时使用刮水器感觉不错,可是当下小雨启动刮水器时,就会发现刮水器会在玻璃面上留下擦拭不均的痕迹;有的时候会卡在玻璃上造成视线不良。这种情况表明刮水器片已硬化。刮水器是借电动机的转动能量,靠连接棒转变成一来一往的运动,并将此作用力传达至刮水器臂。刮水器的橡胶部分硬化时,刮水器便无法与玻璃面紧密贴合,或者刮水器片有了伤痕便会造成擦拭上的不均匀,形成残留污垢。刮水器或刮水器胶片面的更换很简单。但在更换时应注意,在车型及年份不同,刮水器的安装方法及长度不同。有的刮水器胶片的更换很简单,而有的刮水器需整体更换。

68. 前照灯内起雾气的原因是什么?

原因分析:前照灯的后盖上有一塑料或是胶皮的透气通道,这个通道在前照灯的结构上必须存在,否则热膨胀的气体无法排除,这个透气通道只能出气体不能进水。如有轻微的起雾现象,经空气循环或开前照灯后会很快散去,如果始终有水或雾气散不掉则需去专业的汽车维修厂排除。

69. 转向灯点亮时闪烁的频率比平时快的原因是什么?

原因分析:当扳动转向灯的手柄后,仪表盘上的转向显示灯闪动的频率比平时快,这是故障。一般都是由于一侧的转向灯泡坏掉后,由于线路的电阻发生变化所造成的。当你的车辆出现此现象时，一定要及时检查更换，以保障交通安全。

70. 车辆空调开启时发动机转速不变化的原因是什么？

原因分析：一般的车辆开空调时，发动机的转速都有所提高，这是为了满足空调压缩机的符合要求，保持发动机的怠速稳定。但是，很多新款车辆配置的发动机，在开空调时发动机是不提高转速的，而是依靠增加发动机喷油器的喷油时间来保持发动机的怠速稳定。所以，开空调时发动机不提速不一定就是故障。

71. 空调出风口风量小的原因是什么？

原因分析：车辆内部的出风口风量随着车辆的使用会出现在同一风扇转速下风量逐渐变小的现象，同时制冷的效果也减弱了。一般这都是因为很多的新款车都安装了空调滤清器，安装的目的是保持车辆内部获得干净的空气，这也使空调蒸发器保持干净，获得最佳的制冷效果。滤清器使用一段时间后会被尘土所覆盖造成透气性能减弱，随之出风口的风量也就减小了。因此，只要更换新的滤清器问题就解决了。

72. 开启空调时，出风口有非常难闻的气味，天气潮湿时更加严重的原因是什么？

原因分析：空调的制冷原理是通过制冷剂迅速蒸发吸热，使流经的空气温度迅速下降。由于蒸发器的温度低，而空气温度高，空气中的水分子颗粒会在蒸发器上凝结成水珠，而空气中的灰尘或衣服、座椅上的小绒毛等物质，容易附着在冷凝器的表面，从而导致发霉，细菌会大量繁殖。这样的空气被人体长期吸入会影响驾驶员及乘车人的身体健康，所以空调系统要定期更换空调滤芯，清洁空气道。

73. 前风窗玻璃冬季起雾的原因是什么？如何处理？

在冬天驾驶车辆，特别是几个人刚上车时，前风窗玻璃内侧容易起雾而影响视线，即使不断地擦，还是不断地有雾，影响行车安全。（1）快速除雾：可打开空调开关，将出风口选择旋钮到吹前风窗玻璃的位置，关闭或减小三个以上出风口，将风量调整旋钮转到合适的位置。如果外界空气干燥、空气良好，应选择从车外进气，反之可以选择车内空气循环。将温度调节旋钮转到合适的位置，使车内温度感到舒适。（2）玻璃防雾：使用专用的玻璃防雾剂，超市或汽车用品商店有售，价格也不贵，效果很好。如果没有专用的玻璃防雾剂，也可以使用家用的玻璃洗剂或洗洁剂来代替，将它润湿干净的擦布，擦拭风窗玻璃的内表面，再将玻璃擦拭干净后也可以起到防雾的作用。

74. 冬季开暖风时前风窗玻璃有雾气，还伴有甜味的原因是什么？

原因分析：一般是由于驾驶室内的暖气水箱轻微泄漏造成的。前风窗玻璃上的雾气是车内鼓风机产生的风带动泄漏出的防冻液吹出风道，凝结在前风窗玻璃上所致，同时人也能感觉到防冰液的特殊味道。此时应关掉风机，雾气会逐渐散去，但要及时到专业维修厂修理。

75. 电动车窗的升降速度各个车门不一样的原因是什么？

原因分析：一般是由于玻璃升降轨道中进入了一些沙尘，使玻璃与沟槽之间的摩擦阻力变大，进而产生了这种结果。这并不是什么太大的问题，只要进行相应的清洗就可以解决问题了。建议到专业维修站进行操作，如果想自己动手，应该选用专业的橡胶清洗剂。因为电动车窗周围有许多橡胶密封件，如果选用清洁剂不当，会对橡胶制品腐蚀，使密封条变质、干裂，进而失去效果，车窗的密封性下降。

76. 车门玻璃在升降时，有轻微的"嘎拉"声的原因是什么？

原因分析：汽车在使用一段时间后会出现车门玻璃在升降时，有轻微的"嘎拉"声。尤其是驾驶员侧的严重。这主要是因为北方的风沙较大，经常会在车门玻璃和密封胶条接触的地方存留了一些细小的灰尘和沙砾，造成玻璃升降时出现噪声。这时要及时清洁车门玻璃的密封胶条和滑道线槽内的沙尘，否则会划伤车门玻璃。

77. 车辆后门从内部打不开的原因是什么？

原因分析：目前的轿车一般都在车辆的后门处安装有儿童锁，防止乘坐在后座的孩童出于误操作使车门打开，出现安全事故。很多人在清洗车辆时由于不注意，扳动了儿童锁的手柄，出现乘坐在后座的乘员从内侧打不开门。这不是故障，只要从车辆外侧打开车门然后再把儿童锁的手柄扳到开的位置就可以了。

78. 冬季清晨有时车门不能开启的原因是什么？

原因分析：冬季洗车后，放在露天的车辆经常出现车门没法打开的现象，这不是故障，是由于洗车后残留的水分留在了门的密封胶条上，水结冰后造成粘连所致。如果粘连不是很严重，可以采取强行拉开车门的方式打开。如果粘连的情况非常严重，强行打开会损坏车门的密封胶条。

79. 车辆有噪声的原因是什么？

原因分析：无论是高档车、低档车、进口车、国产车、新车、旧车都存在不同程度的噪声问题。车内噪声主要来自发动机噪声、风噪、车身共振、悬架噪声及胎噪等五个方面。车辆行驶中，发动机高速运转，其噪声通过防火墙、底墙等传入车内；汽车在颠簸路面行驶产生的车身共振，或高速行驶时开启的车窗产生共振都会成为噪声。由于车内空间狭窄，噪声不能有效地被吸收，有时还会在车内产生共鸣现象。行驶中，汽车的悬架系统产生的噪声以及轮胎产生的噪声都会通过底盘传入车内。悬架方式不同、轮胎的品牌不同、轮胎花纹不同、轮胎气压不同产生的噪声也有所区别；车身外形不同及行驶速度不同，其产生的风噪大小也不同。在一般情况下，行驶速度越高，风噪越大。

应急救援

1. 判断生命体征是否变化？

（1）瞳孔是不等大的，或者就是扩大的表明是有严重性的脑部的损伤；

（2）呼吸如果是不规则的、呼吸困难或者是呼吸停止的现象，那么就表明是有脑损伤或者高位的颈椎损伤的、胸部外伤或者呼吸道梗阻的伤害；

（3）脉搏弱，或者是摸不到的话，表明出血多，可能损伤比较严重，会处于休克的状态；

（4）神志不清表明有脑损伤或者是休克，病情比较危重。

2. 车辆出现事故被卡车内的急救方法是什么？

如车门打不开，可尝试按下车窗找机会逃离；如伤势严重出血量大，可用力按压出血点止血。

3. 车辆撞击失火的应急救援方法有哪些？

司机应立即熄火停车，切断油路、电源，让车内人员有秩序下车。若车辆碰撞变形，车门无法打开，可从前后挡风玻璃或车窗处脱身。万一身上着火，可下车后倒地滚动，边滚边脱衣服。切记不要张嘴深呼吸或高声呼喊，以免烟火灼伤上呼吸道。

4. 泡沫灭火器适用于扑救哪些火灾？

适用于扑救油脂类、有油产品和一般固体物质引起的初起火灾。

5. 干粉灭火器的使用方法是什么？

将干粉灭火器提到可燃物前，站在上风向或侧风面，上下颠倒摇晃几次，拔掉保险销或铅封，一手握住喷嘴，对准火焰根部，一手按下压把，干粉即可喷出。灭火时，要迅速摇摆喷嘴，使粉雾由近及远横扫整个火区，向前推进，将火扑灭。同时注意，不能留有遗火，油品着火，不能直接喷射，以防液体飞溅造成扑救困难。

6. 下沟翻车的自救方法有哪些？

车辆倾翻时，司机应抓紧方向盘，两脚钩住踏板，随车体旋转。车内乘客应趴到座椅上，抓住车内固定物，使身体夹在座椅中稳住身体。翻车时，应向车辆翻转相反方向跳跃。落地时应双手抱头顺势向惯性方向滚动或奔跑一段距离，避免二次受伤。

7. 车辆落水的自救方法有哪些？

先深呼吸再开车门。若水较浅，未全部淹没车辆，设法从门窗处离开车辆；若水较深，不急于打开车门与车窗玻璃，此时车厢内氧气可供司机和乘客维持几分钟。车内人员将头部沉水面，迅速用力推开车门或玻璃，再浮出水面。

8. 车辆追尾的应急救援方法有哪些？

当碰撞主要方位不在司机一侧时，司机应双手紧握方向盘，两腿向前蹬直，身体后倾，保持身体平衡，以免在车辆撞击时头撞到挡风玻璃；如碰撞主要方位临近司机或撞击力度过大，司机应迅速躲离方向盘，并将两脚抬起，以免受到挤压。

（1）及时报警。

（2）地点讲清。

（3）说明险情。应简要报告事故原因与人员、车辆伤损情况。

（4）留下姓名。

（5）保护现场。交通事故发生后，肇事者及周围群众应尽可能保护现场原貌，以利于事故处理时民警收集物证，判断事故性质；同时注意尽可能不妨碍交通秩序。因妨碍交通不得不变动现场的，先标明事故现场位置，或用手机、相机拍下事故现场位置，再将车辆移至不妨碍交通的地点。

（6）警示标志。发生交通事故，应在车辆周围放置警示标志，以免造成二次事故。

（7）记下车牌。若肇事车辆逃逸，应记下该车的车牌号、车型、颜色等主要特征。

9. 交通事故现场，伤员急救的基本要求是什么？

急救的基本要求是：先救命、后治伤。

遇重、特大事故有众多伤员需送往医院时，处于昏迷状态的伤员，首先送往医院，颈椎受伤的伤员，最后送往医院。

受伤者在车内无法自行下车时，可设法将其从车内移出，尽量避免二次伤害。

遇伤者被压在车轮或货物下时，设法移动车辆或搬掉货物，根据伤势采取相应救护方法，切忌拖拽伤者肢体。

10. 抢救昏迷失去知觉的伤员注意什么？

（1）抢救昏迷失去知觉的伤员，首先检查伤员的呼吸，再进行救护；

（2）搬运昏迷或有窒息危险的伤员时，要采取侧卧的方式。

11. 抢救失血的伤员注意什么？

（1）抢救或处理失血的伤员，首先是利用外部压力，使伤口流血止住。

（2）采用指压止血法为动脉出血伤员止血时，拇指压在伤口的近心脉端动脉，然后用绷带进行包扎。在没有绷带的情况下，可用毛巾、手帕、床单、长筒尼龙袜等代替。

（3）抢救失血过多出现休克的伤员，要采取保暖措施，防止热损耗。

12. 救助烧伤的伤员注意事项有哪些？

（1）救助全身烧伤的伤员，首先要迅速扑灭衣服上的火焰、向全身燃烧伤员身上喷冷水、脱掉烧着的衣服，用消过毒的绷带，包扎伤口等措施；

（2）切忌用沙土覆盖伤口，否则会造成伤口感染，危及生命；

（3）伤员口渴时，可喝少量淡盐水。

13. 抢救有害气体中毒伤员要先做什么？

救助有害气体中毒伤员时，要迅速将伤员远离现场，转移到有新鲜空气的地方，防止继续中毒。

14. 行车过程中遇到险情时处理的基本原则有哪些？

（1）要沉着冷静；

（2）要先顾人，后顾物；

(3) 要先顾方向，后制动；

(4) 要避重就轻；

(5) 要先人后己，树立良好的职业道德。

15. 当撞车难以避免时怎么办？

(1) 如果撞车难以避免，驾驶人应保持冷静，掌握好方向，尽可能将自己和他人的损失降到最低限度。

(2) 为了减速，可以冲向能够阻挡的障碍物，较软的篱笆和灌木丛较好，它可以使车辆逐渐减速直至停车。撞墙和撞树很可能是致命的。

(3) 在倒向冲撞点的瞬间，应尽量早离方向盘，双臂夹胸，用手抱头。

16. 车陷泥坑的自救方法有哪些？

下雨天或在乡间土路上行车时，经常遇到车轮陷入泥坑的情况。一旦发生这种情况，可以挂上一挡或倒挡，试探性地缓踩油门，当汽车能前行或者后退时，要保持加速踏板位置不变，低速开出泥泞路段。如果汽车无法前后移动，可以在驱动轮前后垫石块、砖头、木板或树枝等，以增加车轮与地面的附着力，使汽车平稳开出泥坑。

17. 途中换轮胎没有千斤顶怎么办？

(1) 如果拆换双轮的外侧胎时，可使车的内轮停在垫有适当高度的木块、砖石上，使外轮悬空即可更换；

(2) 如果拆换前轮胎或后轮胎时，用木头或砖石将车的前轴后桥垫稳，在要拆的轮胎下面挖坑，使轮胎悬空即可拆换；

(3) 也可使车轮停在垫高的位置，在前桥或后桥下面稍前或稍后的地方垫上木头或砖石，然后开动汽车，使前轴或后桥落在垫物上，即可拆换轮胎。

18. 高速公路上车出现故障怎么办？

（1）打开双闪灯。车辆一旦在高速公路上出现故障无法前行，首先需要打开双闪灯，这样可以警示后面的车辆，同时需要观察后面的车辆往来情况，在不影响正常交通的前提下，将车辆移到高速公路最右边。

（2）放三角警示牌。将车辆停到高速公路最右边之后，取出三角警示牌，将该警示牌放在车后，距离至少150m左右。另外如果是夜间，还需要开启示宽灯和尾灯。

（3）检查车辆。及时检查车辆所出现的故障，如果能自己解决，则需要及时解决，如果无法自行解决，就需要及时拨打求助电话。在此期间人员要注意尽量站在高速路外，不能在高速公路上随意走动，更不能拦截过往的车辆。

19. 行车中轮胎爆胎了怎么办？

（1）遇到车辆爆胎，首先不能慌张。当汽车由于爆胎漏气而驶离主车道时，驾驶人不可采取紧急制动，否则会造成更严重的交通事故。

（2）当驾驶人意识到爆胎时，一定要极力控制方向盘。当车子出现转向时不要过度矫正，应在控制方向的情况下，使车辆缓慢减速；切忌采取紧急制动。

（3）应当双手紧握方向盘，尽量保证车辆的直行，然后松开油门，采用点刹或者直接不操作，等待车辆缓慢停下。在整个过程中，绝对不能进行大幅度操作，否则容易导致车辆的侧翻和甩尾。

（4）尽量将车停在相对安全的地方，打开双闪，在车后方放置三角警示牌。

（5）车上的人员全部撤至安全的地方。

（6）打电话联系救援或更换备胎。

20. 驾驶过程中方向失灵了怎么办？

（1）应立即抬起油门，把变速杆推入低挡位；二是均匀有力地拉驻车制动器；三是当车速明显降低时，踩下制动踏板，使车辆逐渐停住。

（2）应及时向其他车辆和行人发信号示警，如打开危险警告指示灯、开前照灯、鸣喇叭并打手势。

（3）如助力转向系统出现故障，突然发现转向很重，应迅速松开油门，降低车速，用力操作转向盘，并将车辆停到适当的地点。

（4）汽车若能保持直线行驶状态，前方道路情况也允许保持直线行驶时，可不采取紧急制动，应轻踩制动踏板，轻拉驻车制动操纵杆，缓慢平稳地将车停下来。

（5）在汽车处于中高速运行时，当方向失灵且前后轮并未完全处于一条直线时，利用制动踏板紧急制动，很容易造成翻车。因此，应先拖滞、减速，后踩紧急制动较为稳妥。

（6）出现方向失灵后，不可空挡滑行，不可踩下离合器踏板，应利用发动机的牵制阻力以达到减速的目的。立即松抬加速踏板，把变速杆推入一个低挡位。

参考文献

[1] 中国石油大庆职业鉴定中心.汽车驾驶员.东营：中国石油大学出版社，2020.